은그릇에 흰 눈을 담다

은 그릇에
흰 눈을 담다

선어禪語와 함께하는 30일간의 마음산책

김상백 지음

운주사

서문

나는 수행자일 뿐 깨달음에 이른 사람이 아니다. 더욱이 중생을 제도하느니 하는 따위의 목적을 가지고 이 책을 쓰지 않았다. 입적하신 스승님은 평소 "이 세상에 제도할 마지막 남은 중생은 오직 '나'뿐"임을 항상 강조해 오셨기에, 나는 나 자신을 먼저 구제할 목적으로 이 작업을 시작한 것이다.

 하루 한 장씩, 화두를 사유하며 한 달간 홀로 마음공부를 해 나가기로 작정하고 시작한 작업이었으며, 나 스스로 어떤 사유체계를 가지고 화두에 접근하고 있었는지를 보고 싶었다. 물론 실참에서의 공안은 이런 사유수보다는 강력한 의심으로 시작하여 의단독로疑團獨路하게 됨으로써 스스로 체득하는 단계를 거치게 되어 있다. 이런 실전적 단계를 독자 역시 스스로 거치지 않는다면 사실 이 책의 내용은 결과적으로 무용지물이다.
 본문 공안에 대한 해설은 결코 결론을 내리지 않았다. 선문답에 대한 내용은 단순한 지식 전달이 아니기 때문이며, 비록 문답에

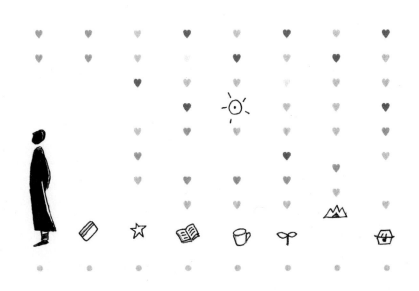

대한 내용을 해체하였다 할지라도 실제 수행을 통하여 그 자리에 가보지 못한 사람에게는 이해할 수 없는 문장과 논리체계로 되어 있기 때문이다.

수록된 선문답은 『만공법어집』에서 발췌하거나 『경덕전등록』, 『벽암록』, 『무문관』 등의 조사어록에서 가려 뽑았는데, 문장 내 고어나 전문적 용어들은 전문 수행자의 입맛에 맞게 그대로 올렸다. 초심자 내지 일반 독자에게는 상당히 불편을 초래할 것으로 생각된다. 이 모든 불편은 우선은 현대적 감각이 뒤떨어지는 필자의 능력 탓이며, 다른 한편으로 초행길의 이런 불편함은 감수할 만한 충분한 가치가 있기 때문이기도 하다.

한편 실참수행적 입장에서 마지막 결구는 간화선의 형태로 다시금 스스로 참구할 수 있게 작성하였다. 또한 간간이 경전이나 다른 공안의 실례를 들어가면서 본 공안에 접근했는데, 이는 본 공안을 참구하는 데 힌트를 주거나 스스로를 더욱 격발시킬 수 있는 형태로 첨부하여 설명하였다.

사교입선捨敎入禪이란 말이 있다. 이 책을 보다가 확연히 깨닫는 느낌이 있다면 바로 책을 덮기 바란다. 곧장 실참에 들어가 그 자리에서 방석을 깔고 본격적으로 참구를 시작하라는 말이다. 그리고 다시 책장을 넘겨주기 바란다.

한 달간의 공부를 마치고 뒤돌아보니 솔직히 한편으로는 부질없는 짓을 한 것이 아닌가 하는 생각이 스치기도 한다. 그러나 먼 길을 가는 수행자들과 나도 같이 동참하고 싶었고, 희미한 기억을 더듬어 가는 기나긴 여행길에서 뒷주머니에 꽂힌 작은 참고서로 미약하나마 도움이 된다면 그것으로써 만족이다. 마지막으로, 부디 이들 공안의 바른 안목과 마지막 깨달음의 노래를 부를 수 있는 눈 밝은 선지식과의 인연이 닿기를 간절히 바라는 바이다.

日日是好日

시창是窓 합장

⁰¹ 달마가 서쪽에서 온 까닭은?

망에 망이 없으면 망이 곧 진이요
진에 진이 있으면 진이 곧 망이라.
이와 같이 진망 밖에
달마가 서쪽에서 왔다.

1941년 3월 10일 서울 선학원 고승대회에서 만공선사께서 법을 설하셨다. 마지막 게송을 읊으시며 주장자로 법상을 세 번 치고 하좌하셨다. 이때 하신 게송의 내용이 바로 "망무망妄無妄이면 망시진妄是眞이요, 진유진眞有眞이면 진시망眞是妄이라. 여시진망외如是眞妄外 달마도서래達摩渡西來"라는 선문禪問이다. 일단 풀어보면 이렇다. "망에 망이 없으면 망이 곧 진이요, 진에 진이 있다면 진이 곧 망이로다. 이와 같이 진과 망 밖에 달마가 서쪽에서 오셨도다."

망妄은 거짓이고 진真은 참이다. 위의 문장을 직역하면 이렇다. "거짓에 거짓이 없다면 그 거짓은 참이요, 참에 참이 있다면 그 참은 거짓이다."라는 말이다. 무슨 말일까? 알쏭달쏭하기만 한데, 그럼 다시 참구하여 의역을 해서 보자. "거짓을 거짓이라고 하면 그 거짓은 참이다. 그러나 참을 참이라고 한다면 그 참은 거짓이다. 참과 거짓 모두를 여읜 자리, 달마가 서쪽에서 온 까닭이 여기에 있다."라고 화두를 던진다.

'망에 망이 없으면 망이 곧 진'이라는 말은 참회를 의미하고, '진에 진이 있다면 진이 곧 망'이라 함은 교만과 오만의 모습이다. 잘못된 일을 저지르고 반성과 참회가 없다면 이는 오염된 사람이다. 거짓에 물들어 자신의 참 모습을 보지 못하는 중생이다. 욕망에 눈이 어두워서, 어리석음에 물들어 눈이 멀어버렸기에 자신의 잘못을 알지 못해서 뉘우치지도 못하는 상태가 되어 버린 불행한 삶이 되고 만 것이다.

불경에서는 알고 저지르는 죄보다 모르고 저지르는 죄가 더욱 크다고 한다. 그런데 일반적으로 상식적인 차원에서는 죄를 저지를 때 그 행위가 고의냐, 고의가 아니냐에 비중을 두고 처리를 하는데, 어째서 불가에서는 모르고 짓는 죄에 형량을 더 가중시켰을까? 곰곰이 생각해 볼 일이다.

힌트를 하나 준다면, 더럽고 새까만 물건이 하나 있다고 치자.

이때 손에 더러운 것을 안 묻히려고 한다면 손으로 덥석 집기 전에 먼저 그 물건의 상태가 어떠한가를 분별하고 판단한다.

그 더럽고 까만 것은 중생의 마음이다. 본래의 마음으로 회복되지 않아서, 불성이 무명에 가린 어두운 마음을 비유한 말이다. 그런 때 묻은 마음을 쓰려고 할 때, 즉 오염된 그 마음을 깨끗한 손으로 집어 올리려고 할 때 어떻게 하면 하얀 손에 더러움이 덜 묻게 잡을 수 있을까, 어떡하면 그 마음을 제대로 쓸 수 있을까 하는 물음이다.

어떤 일이 잘못된 일이라고 판단되었지만 어쩔 수 없이 해야만 하는 일이라면 그래도 덜 부정하게, 덜 잘못되게, 덜 그릇되게 행동을 하려고 노력한다는 말이다. 물론 이때도 죄에서 자유롭지는 못하다. 그래서 마지막에는 이런 상태에 허를 찌르는 질문을 다시 던진다. 그러나 일단 이 질문에 대한 답은 나중으로 미루고 다시 첫 대목으로 가자.

망妄에 망이 없다면 망이 곧 진眞이라, 거짓을 거짓되다고 말하는 것은 참된 용기이며, 아는 것을 안다하고 모르는 것을 모른다 하는 것도 참된 용기이다. 그러므로 자신의 잘못을 인정한다는 것은 중생이 부처로 가는 길에 들어 선 것이다. 기독교로 따지면 회개하여 다시금 주님의 십자가를 짊어지는 행위이다. 나를 버리고 빛으로 돌아서는 순간이다. 대적광의 아미타 부처님에게로 몸을 돌리는 행위이다. 어떤 광고에 나오는, '남들이 모두 예스(YES)라고 할 때 당신은 진정으로 아니요, 노(NO)라고 외친다'는 그런 장면과도 같다.

　진리로 향하는 길은 참으로 좁다. 앙드레 지드의 소설 『좁은 문』처럼, 예수가 말하는 부자가 천국의 문을 들어가는 것은 낙타가 바늘구멍을 들어가는 것보다 더 어렵고 힘든 일인 것처럼, 중생이 본래의 자리로 돌아가 스스로를 회복하는 일은 불법과의 인연이 없으면 참으로 어려운 일이다. 그렇기에 이 법을, 이 진리를 만나는 것이 무척 어려운 일이라는 것을 『천수경』에서는 이렇게 비유한다. 특히 이 구절은 측천무후가 삽입했다고 해서 더 의미심장하다. 무상심심無上甚深 미묘법微妙法 백천만겁百千萬劫 난조우難遭遇라, 깊고도 깊은 이 오묘한 법은 백천만 겁이 지나도 만나기 어렵다고 했다. 이는 마치 망망대해에 거북이가 숨을 쉬려고 수면으로 떠오르는데, 이때 마침 구멍이 뚫려 있는 나뭇조각에 머리를 들이민 것과 같다는 표현이다. 거북이와 구멍 난 나무와의 극적 만남! 우연치고는 너무나 기가 막히다는 말이다. 그 정도로 불법과 인연을 맺어 이 마음공부를 해 나간다는 것은, 확률로 따지면 백주 대낮에 길을 가다가 벼락 맞는 확률보다 더 희박하다는 극단적 표현이다.

　조금이라도 공부하다가 보면, 진리는 그리 어려운 것이 아닐 수도 있다. 왜냐하면 굳이 배우고 따지지 않아도 해야 될 일과 해서

는 안 될 일을 구분 못하지는 않는다. 세 살 아이도 알 수 있을 정도로 아주 쉽다. 그러나 행동으로 옮기기는 어렵다. 그래서 말로 표현할 수 없는 이 진리는 말에 있지 않고 실천에 있다. 말 없는 실천, 그것은 말 없는 웅변이며, 반대로 깊은 골짜기에서 울려 나오는 엄청나게 큰 메아리와도 같다. 우리 주변을 살펴보면 언제나 말보다 몸소 실천을 하는 사람들이 있다. 묵묵히 일하는 그런 사람들에게 존경심이 우러나는 이유가 여기에 있다. 그 실천을 우리는 바라밀이라고 말한다. 바라밀은 이 언덕에서 저 언덕 사이에 흐르는 강물을 건네주는 큰 배이며, 한편 더러움으로 오염된 대지를 편안하게 걸어 나갈 수 있게 하는 나이키보다 아디다스보다 더 좋은 훌륭한 신발이다.

그래서 우리는 어떤 일을 시작하고 마무리할 때 자신의 행위가 올바른지 그른지를 항상 깨어서 되돌아봐야 한다. 깨어 있는 것이 수행이다. 꼭 앉아서 좌선을 해야만이 수행이 아니라 자신을 돌아보는 것이 수행이며 또한 바라밀을 완성하는 일이기도 하다. 미하엘 엔데의 소설 『모모』에서 보면, 모모는 잃어버린 시간의 원형을 찾아서 그곳으로 들어갈 때는 몸을 뒤로 하여 앞으로 걸어 들어갔다. 시간의 원형은 우리가 잃어버린 '본래면목'이고, 몸을 뒤로 한다는 것은 참회하고 반성한다는 것이다. 그리고 앞으로 나아간다 함은 정진을 의미한다. 끊임없이 간단없이 우직한 한 마리 코뿔소처럼, 무소의 뿔처럼 오로지 한 모습으로 당당하게 앞으로 돌진한다. 그래야만 망에 망이 없으면 망이 곧 진이라, 자신의 잘못을 뉘우치고 잃어버린 어린 양 한 마리를 얻어 집으로 돌아올 수가 있다.

그러나 진眞에 진이 있다면 진이 곧 망妄이라, 참을 참이라 하는 순간 그 참은 참이 아니라 거짓이다. 무슨 말일까? 세월을 거슬러 노자의 『도덕경』을 먼저 살펴보자. 『도덕경』 첫 문구로 시작되는 말이 '도가도道可道 비상도非常道'이다. '도를 도라고 말하는 순간 언급했던 그 도는 항상 불변하는 진정한 도가 아니다.'라는 말이다. 우리는 자신이 보는 견해나 의견이 항상 맞다고 생각하고 그렇게 행동한다. 심지어 상대에게 그것을 강요하고 따르라고 가르치고 자신의 뜻대로 잘 안 되면 폭력도 불사한다. 전쟁이란 그런 상태에서 표출되는 인간이 가진 가장 더러운 행태 중 하나이다.

마음을 분석하고 수행을 통해 깨달음에 이르게 하는 불교 유식학에서는 인간이 대상을 판단할 때 지각으로 올바르게 인식한다고 보지 않는다. 다시 말해서 사물을 볼 때 이미 자신이 마음속에 저장되어 기억된 정보를 가지고 사물을 인식한다는 말이다. 그렇지 않다면 사람은 그것을 인식할 수 없다고 한다. 불행하게도 이러한 사실을 대다수 사람들은 알지 못하기 때문에 불경의 가르침인 진리와는 아주 정반대의 삶을 살아간다. 컴퓨터 소프트웨어에 아무런 인식정보가 담겨 있지 않다면 그 어떤 질문에도 해답을 주지 못하는 것과 같다. 그래서 반야심경에 중생의 견해는 뒤바꾸고 꿈꾸는 헛소리라며 '전도몽상顚倒夢想'되었다고 설하고 있는 것이다.

그렇게 이미 저장된 정보는 고정관념으로 굳어져서 선입견으로 작동한다. 자신의 색깔에 맞춰 대상을 인식하고 이해하며 사용한다. 절대적 객관화가 되어, 무어라 말할 수 없는, 표현할 수 없는 자리에 있는 진리 그 당체를 참으로 보지 못하고, 자신이 생각하는 진리가 참이라고 주장한다면 그것은 이미 그르쳤다는 말이다. 자신의 색에 맞춘 진리는 이미 자신만의 진리로 퇴색했기 때문에 전혀 설득력이 없다. 그래서 결국 그런 진리는 항상 불변하는 진리의 원형이 아니라고 해석한다. 따라서 진에 진이 있다면 진이 곧 망이라는 말이 이렇게 풀이된다.

이렇게 계속해서 그릇됨을 우길 때 인간은 교만과 오만이 싹튼다. 자신이 옳다는 견해를 결코 놓지 않고 굳세게 밀고 나간다. 그것은 때론 신념이라는 말로, 또는 신앙과 믿음이라는 가면과 허울을 뒤집어 쓴 채로 온통 세상을 어지럽힌다. 때론 정치와 결탁해서 전쟁을 일으키고, 종교와 손을 잡고 맹신을 유도해서 지도자와 그 권력 주변을 살찌우고 배부르게 한다. 따라서 바르게 알고 시작하지 않는 공부는 하지 않는 것보다 못하다. 그 폐악의 결과가 너무 끔찍하고 고통스럽기 때문이다.

마지막 구절 여시진망외如是眞妄外 달마도서래達摩渡西來를 살펴보자. 먼저 '진망외眞妄外'라는 말은 직역하면 '진과 망 밖에'라는 말이고, 다시 말해서 '참과 거짓 밖에'라는 말이다. 즉, 이 말은 '참과 거짓을 여의었다'고 의역한다. 불교에서 자주 거론되는 말이 '여의다'라는 표현이다. 처음 불교의 가르침을 접할 때 이 말은 참 곤혹스러운 단어이기도 했다. 생소했던 나도 이 말을 처음 듣고 이해하려고 고민하는데 '부모를 여의었다'는 말이 생각났다. 그렇다면 '여의다'라는 말은 무엇인가를 잃어버렸다는 말인데 그래도 참 난감했다. 뭘 잃어버렸다는 말이지? 도대체 감이 안 와서 한동안 무척이나 갑갑해 했다. '여의다'의 뜻은 여러 가지로 해석되는데, 대표적으로 '자유롭다, 속박 당하지 않는다, 애착이 끊어졌다, 애착이 없다' 등이다.

　이것을 피부로 좀 느껴보려면 먼저 불교의 가르침은 한마디로 중도라는 것을 알아야 한다. 그럼 중도란 무엇이냐? 간단하게 말하면 양 극단의 입장에 서지 않는 것이다. 다시 말해서 집착하지 않는 상태이다. 이것이라고, 저것이라고 규정하지 않고, 치우친 견해에 사로잡히지 않고, 일단 한발 물러나서 생각해 보는 거다. 역지사지易地思之가 이때 나온 말이다. 간단히 말해서 입장 바꿔 생각해 보라는 말이다. 팽팽한 긴장감을 느슨하게 허리띠를 잠시만 풀어보자는 말이다.

　대상을 객관화한다는 것은 참 현명한 일이다. 자신의 감정을 배제해서 이성적으로 판단하는 작업 중에 이보다 좋은 것은 없다고 해도 과언은 아니다. 그래서 나의 스승은 사람을 세 가지로 분류하셨는데, 제일 하위가 정情으로는 사는 사람이라고 하셨다. 이 정이란 단어는 보통 따뜻한 마음씨로 둔갑되어 해석되는데, 사실 이 말은 좋은 게 좋은 거 아니냐는 두루뭉실한 표현이며 진정성을 가장한 왜곡된 마음상태를 말한다.

정이 아주 들어 버리면 끈적거려서 떼어낼 수 없는 상태가 된다. 그럼 결혼과 우정이 시작된다. 그렇다고 결혼하지 말고 친구 사귀지 말라는 뜻은 절대로 아니다. 결혼하고 우정을 쌓아가더라도 중도의 마음을 잃지 말라는 말이다. 사랑하여도 깊이 빠지지 말고 친구를 사귀어도 그에게 너무 집착하지 말라는 말이다. 진정한 사랑과 우정은 대상에 절대로 집착하지 않는다. 집착하는 짓은 어린 아이와도 같은 행동이다. 엄마에게서 떨어지지 못하고 잠시라도 떨어지면 금방 불안 증세를 나타내는 정신병적인 상태를 말한다.

사실 많은 사람들이 '사람중독' 상태이다. 사람에게 중독됐다는 말이다. 그래서 홀로 있는 시간을 즐기기는커녕 무섭고 두려워한다. 이것은 성숙한 사람이 취할 태도가 아니다. 침묵과 친하지 않은 사람과는 사귀지도 말하지도 마라. 덜 익은 과일에서 풋내가 나는 것과 같다.

한편 약한 것은 언제나 무리지어 살고 또 다시 자신이 약한 약자임에도 불구하고 자신보다 더 약한 약자를 괴롭히고 심지어 무리지어 뜯어 먹거나 해치고 결국 살생을 마다 하지 않는다. 이는 자신의 마음속에 들어 있는 약자로써의 불안감을 반대로 상대에게서 발견함과 동시에 또 다시 그 불안으로부터 탈출하려는 왜곡된 행동양식을 보이는 짓이다. 이런 면에서 인간을 바라본다면 동물의 세계와 인간의 세계가 뭐 그리 다를 것도 없다. 세상은 치열한 경쟁의 사회라고 울부짖는 사람이 대개 이런 삶을 살다가 간다. 아수라의 세계! 이것이 불교의 세계관 중에 하나다.

둘째는 이성으로 사는 사람이다. 이런 부류의 사람은 제법이긴 하다. 이성적 판단을 하는 행위를 우선하지만 이기적인 면이 강하다. 앞의 정으로 사는 사람들이 어리석을 정도로 남을 먼저 지나치게 배려한다면 이성적 사람의 부류는 자신의 욕망을 먼저 채우려고 버둥거린다. 그래서 이들은 정으로 사는 하위의 사람들을 부릴 줄도 안다. 약간의 배려나 조금의 동정으로 쉽게 사람의 마음을 살 줄도 알고 그렇게 길들이는 방법을 잘 알고 있다. 이들은 때론 상위 몇 프로라는 사회적 우위의 형태로 풍족하고 화려한 삶을 누리기도 한다. 이런 상류사회에 대해 미련을 못 버리는 사람들은 정과 이성의 두 부류를 끊임없이 왕래하며 방황하는 사람들이다. 둘째 부류는 공존과 공생이라는 그럴 듯한 말로 사람을 유혹하기도 하며 무력을 사용하여 공포감을 조성하여 자신의 욕망을 채우기도 한다. 이 부류도 역시 탐진치(욕심, 성냄, 어리석음) 이 세 가지 독에 중독되어 있기는 마찬가지다. 욕망과 성냄과 어리석음에서 자유롭지 못한, 불행한 인간상이다. 여기는 천국을 가장한, 위선을 가장한 지옥과도 같다.

셋째는 무심으로 사는 사람이다. 무심이란 유심의 역설이다. 보통 무심이라고 하면 아무 마음도 없이 산다고 생각하지만 이것은 천만에 만만에 말씀이다. 이는 정말 무심을 모르고서 떠들어 대는 말이다. 그냥 폼생폼사로 사는, 자기가 무슨 도인입네 하면서, 폼만 잔뜩 든 그런 뜻을 가진 단어가 아니다. 부정의 부정은 긍정인 것처럼, 망의 망이 진인 것처럼, 이 도리를 깨치고 나온 무심은 바른 유심이다. 진眞과 속俗을 떠난 진이며, 비록 속일지라도 진이 가득 찬 속이다. 그런 세속에 무심도인이 산다. 이렇게 무심이란 말은 다른 말로는 중도를 가리킨다. 무심으로 사는 사람은 사람을 차별하지 않는다. 차별하지 않는다는 말을 가끔 신분의 높고 낮음이나 개개의 역량이나 각각의 견해가 다 다르지 않다는 것으로 착각하는 사람도 있다. 무심자의 무차별이란 이미 너와 나의 마음이 진리를 바탕으로 한다는 사실을 피부 깊이 느끼며 표현한 말이다.

다시 돌아와, '진망외眞妄外'라는 말은 진망眞妄, 즉 시시비비를 떠났다는 말이다. 나는 맞고 너는 그르다는 생각을 버렸다는 말이다. 출발은 항상 텅 빈 마음으로 시작한다. 그래야 대화가 되지 이미 자신은 이렇게 생각한다고 고정된 관념으로 시작하면 언제나 마찰이 생긴다. 그래도 현명한 사람은 마찰이 생길 때면 여기서 불꽃이 튈 징조임을 알고 뒤로 물러설 줄도 안다. 시비를 버린 마음, 이때가 본래면목, 진리인 중도의 자리다. 산은 산이요, 물은 물이라는 첫 명제에서 산도 물도 산이 아니고 물이 아니라는 부정 명제로 갔다가 다시 산은 산이요 물은 물이라는 절대의 명제로 올 줄 안다면 이는 부처를 보고 스스로의 성품을 깨달은 상태이다. 부처님의 눈을 얻어 지혜의 말씀으로 거듭나는 자리라는 말이다.

마지막으로 달마도서래達摩渡西來라, 달마가 서쪽에서 온 까닭이 뭐냐는 질문이다. 다시 말해서 부처가 무엇입니까 또는 무엇이 진리입니까 하는 질문이다. 그러나 여기서 헤아리면 천리 밖이다. 생각은 또 진리를 그르친다. 깨닫지 못한 상태에서 하는 말은 모두가 다 그르쳤다. 진리는 말이 끊어진 곳에 있지만 그렇다고 말을 여의고 진리가 존재하지만은 않는다.

간절한 마음이란 엄청나게 큰 바위로 꽉 막힌 동굴을 여는 신비로운 주문이다. 「알리바바와 40인의 도적」에서 동굴의 문을 자유자재로 열고 닫는 주문이 '열려라 참깨, 닫혀라 참깨'인 것처럼 그 마음을 자유자재로 사용하고 싶다면, 처음에 마음공부를 시작하려는 초발심은 바로 이 간절한 마음에서부터 출발해야 한다는 가르침이다. 시비를 벗어난 자리로부터 달마스님께서 오셨다가

짚으로 만든 신발 한 짝 세상에다 벗어서 던져 놓고 다시 돌아가
셨다.

달마도서래達摩渡西來라, 달마스님께서 서쪽에서 오신 까닭이
뭐지? 왜 오셨지? 뭐지?

이뭣고! 도대체 이뭣고?

만일 당신이 여기까지 이 이야기를 듣고서 당신의 머리를 아래
위로 까딱까딱거렸다면 당신은 이미 그르쳤다. 까딱거리는 자신
의 그 머리부터 잘라 버려야 했거늘……

까딱이는 그놈은 죽여도 죄가 안 된다고 나의 스승께서 일러 주
셨다!

그 자리엔 한 점 그림자조차 없다.

그럼, 그림자 없는 그놈은 도대체 어디에 숨어 있는가?

⁰² 두꺼비를 구해 줘야 해? 말아야 해?

스님이 물었다.

"뱀이 두꺼비를 잡아먹으려고 하는데 구해 주는 게 맞나
요, 구하지 않는 게 맞나요?"

선사가 답했다.

"구해 주면 두 눈으로 볼 수가 없고, 구해 주지 않는다면
물체와 그림자가 나타나지 않는다."

참 곤혹스러운 질문이다. 어떻게 대답할까 고민 좀 해야겠다. 일
반적으로 인지상정人之常情이라 대개가 약자 편을 들고 본다. 그
럼 두꺼비를 구해 줘야 하나? 앞에 있는 돌멩이 아무거나 주어들
고 뱀을 해치려고 하거나, 나뭇가지를 부러뜨려 작대기로 만들어
서 뱀을 숲으로 도망치게 한다. 그리고는 자신이 마치 조물주라도

된 듯이 생명에 대한 존엄을 지켜냈다는 사실에 스스로 조그마한 보람이라도 느끼는 듯하는 시선으로 두꺼비를 바라보며 내가 네 목숨 구해줬다는 상을 낼지도 모르겠다. 그럼 두꺼비는 한숨을 크게 쉬며 이젠 살았다고 하면서 뒤뚱거리며 허둥지둥 도망가기 바쁜 그런 모습이 그려진다.

그런데, 그 순간 도대체 뱀이란 동물은 뭘 먹고 살아야 하나? 동물들은 자신이 배가 부르면 절대로 포식하지 않는다. 하늘을 나는 새들조차도 자신의 몸무게의 80퍼센트 정도만 뱃속을 채운다고 한다. 뱃속을 다 채워버리면 절대로 비행이 불가능하다는 것을 본능적으로 알고 있기 때문이다. 이 지구상에서 배가 부름에도 불구하고 유일하게 배가 터지도록 먹어대는 게 사람이다. 본능에조차 충실하지 못하는데, 도대체 인간의 위대함은 어디서 찾아야 하나? 하여간 뱀의 문제로 다시 돌아가 보자. 뱀은 무척 배가 고프다. 며칠 동안 사냥은 내내 실패였다. 배가 고파 쓰러져 거의 탈진한 상태에서 한 마리 사냥감을 발견했다. 빙고! 이제 막 간신히 두꺼비를 발견하고 맛난 식사를 하려고 입을 쩍 하니 벌리려고 하는데 당신이 갑자기 나타나서 뱃가죽을 사정없이 발길질했다. 정신없이 바닥에 내동댕이쳐진 뱀은 주린 배를 움켜쥐고 당신을 원망스런 눈길로 힐끗거리며 숲속으로 사라졌다.

이런 난감한 질문이 코앞에서 재연되어 벌어졌다면 정말 울고 싶은 심정일 게다. 이러지도 저러지도 못하는 안절부절하는 상태에서 소위 '멘붕'이 올 지경이다. 그럼 어떻게 하나? 사실 멘붕이 오면 소위 한소식 한 거다. 그러나 일단 천천히 접근해서 대사의 대답 속에서 답을 찾아보자.

대사가 답하길 구즉쌍목불도求卽雙目不睹라, 구해 주면 두 눈으로 볼 수가 없다는데 이 말은 무슨 뜻일까? 잘 살펴보면 위에서 벌어졌던 그 장면을 의미한다. 뱀의 참혹함이다. 만일 두꺼비를 구해준다면 주린 배를 채우지 못하는 뱀을 바라보면서 측은지심이 발동한다. 그리고 너무 미안하고 안쓰러워한다는 그런 심정을 나타낸 말이다. 배고파하는 그 모습을 차마 두 눈으로 볼 수 없다는 말이다. 먹고사는 문제는 모든 중생에게 다 민감하다. 그래서 우리도 자신의 밥그릇을 타인이 손댈 양이면 무척 예민해지고 그것을 사수하기 위해 때론 죽음도 불사한다. 이것은 생사가, 목숨이 달린 일이기 때문이다.

'구해 주면 두 눈으로 볼 수가 없다'는 구즉쌍목불도求卽雙目不睹를 현상적으로 세속의 입장에서 해석하기보다는 직관적으로 풀어보자. 이 말의 깊은 속내는 정작 이러하다. 즉, (불법을) 구한다는 것은 두 눈으로 바라보는 것이 아니라는 말이다. 다시 말해서 법을, 진리를 얻으려거든 두 가지 견해, 즉 분별심 또는 차별심으로부터 벗어나야 한다는 말이다. 두꺼비의 목숨을 구하려거든 순간 내가 두꺼비가 되어야 한다. 두꺼비와 내가 둘이 아니다. 결국 뱀에게 내 목숨을 내어놓아야 한다는 말이다. 두꺼비를 대신해서 오늘은 내가 뱀의 먹이가 되어야 두꺼비를 살리는 행위다. 참으로 이래도 끔찍하긴 매 마찬가지다. 중생의 살림살이가 어찌하여 이렇게도 비참하고 냉정하며 혹독하단 말인가!

그렇다면 불구즉형영부창不求卽形影不彰이라, '구해 주지 않는다면 물체와 그림자가 나타나지 않는다.'라는 말은 정작 무얼 의미할까? 그냥 표면적으로 해석한다면 말 그대로 두꺼비를 구해주지 않는다면 뱀에게 잡아먹혀서 두꺼비의 그 형체나 그림자를 전혀 찾아볼 수 없다는 말이다. 아니 어떤 선사가 이렇게 쉽게 답을 줄까? 글쎄다. 하긴 생각이 너무 많은 나에게 문제가 있지, 두꺼비와 뱀은 사실 아무 생각도 없었다. 그저 배가 고파서 먹었고, 두꺼비는 그저 그 길로 가지 말아야 했음에도 불구하고 그 길로 지나간 대가를 그렇게 치룬 것뿐이다. 그렇게 두꺼비는 죽으면서 '꽥!' 하고 비명 한마디에 다시 몸을 바꾸는 일인데 못난 중생의 걱정과 간섭이 대형 사고를 친다. 선사의 대답을 다시 간략하게 추려본다면 '살려줘야 하나요, 그냥 방관하나요?'라고 물으니 살려 주면 뱀이 불쌍하고 구해 주지 않으면 두꺼비 형체도 찾아볼 수 없다가 답이라고? 글쎄다.

본격적으로 풀이해 보자. 자, 불구즉형영불창不求卽形影不彰이라, '구해주지 않는다면 물체와 그림자가 나타나지 않는다.'라는 말의 속내에 대하여 알아보자. 여기서 '구하지 않는다'라는 불구 不求는 부득不得이라는 단어의 다른 표현이다. 부득은 '얻지 않는 다' 또는 '얻을 수가 없다'는 말이다. 그래서 불법은 구하지 않는 데 불법이 비로소 있다. 다시 말해 부득不得은 무득無得과도 같다. 따라서 불구不求는 무득無得이라, 한 법도 얻을 것이 없다는 말이다. 이건 또 무슨 소리인가? 구하면 그르친다. 구하려고 하면 할수록 구한다는 상에 빠져서 깊은 늪 속으로 자꾸만 깊이깊이 빠져 들어가 다시 살아나올 길이 전혀 없다. 구하지 않는 순간 주체인 형체와 객체인 그림자가 일시에 사라져 버린다.

보조 지눌스님께서 쓰신 『수심결』에서는 위의 내용과 관련하여 이런 문답이 오고 갔다. 어떤 이가 묻길 "어떤 방편을 지어야 한 생각을 돌이켜서 문득 스스로의 성품을 깨닫겠습니까?" 하니 이렇게 답하였다. "다만 그대 자신의 마음인데, 다시 무슨 방편을 쓰겠는가? 만일 방편을 써서 알려고 한다면 마치 어떤 사람이 자기의 눈이 보이지 않는다 하여 눈이 없다 하면서 다시 보기를 바라는 것과 같도다. 이미 자신의 눈이거늘 어떻게 다시 보리요? 만일 잃지 않았음을 알면 그것이 곧 눈을 보는 것이다. 다시 보려는 마음이 없는데 어찌 보지 못했다는 생각이 있겠는가? 자기의 신령한 알음알이도 그러하여서 이미 제 마음인데 어찌 다시 알려 하는가? 만일 알기를 바란다면 끝내 알지 못하리니, 오직 알 수 없는 것임을 알면, 그것이 곧 성품을 보는 것이니라."고 하였다. 그러므로 깨닫는 방편을 구하면 더욱 어긋난다는 가르침이다.

형영불창形影不彰이란 대상과 그 대상의 그림자 모두가 다 사라져 버렸다는 말이다. 다시 말해서 정각에, 깨달음에 이르렀다는 완곡한 표현이다. 태양이 머리 바로 위에 뜬 정각에는 그림자가 없다! 이는 바른 깨달음을 얻었다는 또 다른 표현이다. 경허스님 게송 중에 나온 광경구망光境俱忘이라는 선어가 있다. 빛과 경계 모두를 잊어버렸다는 뜻이다. 즉, 마음과 대상을 모두 잊어버렸다는 말이다. 이때는 무슨 물건일까? 시비의 마음이 잦아들고 잦아들어 조용해지고 안정이 되어 마침내 그 마음마저도 사라지면 바로 진성眞性이 드러난다. 그것이 바로 우리가 찾는 진리요 법성이며 부처인 것이다.

그렇다면 두꺼비는 어쩌고 뱀은 어쩌겠는가? 다시 이 문제로 돌아가보자. 사실 두꺼비는 그렇게 잘 잡혀먹히지 않는다. 뱀이

나타나면 네 발을 높이 쳐들고 몸을 크게 부풀려서 뱀을 위협한다. 그리고 등에서 분비되는 독성 물질로 뱀은 두꺼비를 잘 삼키지도 못한다. 두꺼비도 유혈목이 꽃뱀에게는 그리 녹록한 상대가 아니다. 그런데 새끼를 밴 두꺼비는 또아리를 튼 뱀 앞에서 잡아먹히려고 자꾸만 뒤뚱거리면서 뱀을 유혹한다. 왜 그럴까?

새끼를 밴 두꺼비는 비록 뱀에게 먹히지만 뱀의 뱃속에서 두꺼비 알이 부화하여 결국 그 새끼들이 뱀의 몸을 자양분으로 하여 새로운 삶을 얻게 된다. 사실은 서로가 서로에게 보살도를 베풀었다는 말씀이다. 시비분별이 붙은 중생의 눈으로 보기에 죽이느냐 살리느냐, 먹히느냐 먹느냐, 구해주어야 하나 구해주지 말아야 하나라는 갈림길에 놓인 문제에 부딪혔지, 자연은 이미 스스로 모든 문제를 잘 해결하고 있었다. 두꺼비는 뱀에게 먹혀서 뱀은 배가 불러 좋고, 두꺼비 새끼들은 뱀이 생명의 터전이자 안식처가 되어

서 좋고, 결국엔 누이 좋고 매부 좋고, 도랑치고 가재 잡는다는 말이다.

조금 교학적으로 풀어본다면 두꺼비 보살은 제 몸을 던져 육보시를 함으로써 뱀의 주린 배를 채워주는 자비광명의 보살도를 발휘했다. 그 다음 그렇게 보살의 큰 자비를 얻은 뱀 보살은 두꺼비 새끼들에게 자신의 몸을 흔쾌히 보시함으로써 어미 두꺼비 보살의 은혜를 갚았다. 이것이 자연에서 배우는 보살의 정신이다. 타인에게 베푸는 보살 행위는 현상적으로는 타인에게 은혜를 베푸는 것처럼 보이겠지만 결국에는 자기 자신을 위하는 일로서 현상계에서도 역시 다시 그렇게 드러난다. 곧 자업자득이다. 그러니 어찌 미물이라 하여 이 두 중생이 하찮은 동물이며 어리석은 중생이라 말할 수 있으리오! 옛 어른이 말씀하시길 "도는 사람을 멀리 아니 하건만, 사람이 스스로 도를 멀리 한다."고 하였으니, 그저 두 보살님께 삼가 삼배 올리옵나이다.

야운비구 스님이 쓰신 「자경문」의 마지막 송에 이르되,

"옥토끼(달)가 오르내림은 늙은 상을 재촉함이요,
금오(해)가 나오고 없어짐은 세월을 재촉함이로다.
명예를 구하고 이익을 구함은 아침 이슬과 같음이요,
혹 괴롭고 혹 영화로움은 저녁연기와도 같도다.
너에게 은근히 선도 닦기를 권하노니

속히 불과를 이루어 미혹한 무리를 제도할 지어다.

금생에 만약 이 말 따르지 아니하면

다음 생에 마땅히 그 한이 만 가지나 되리라."

하였다. 스스로 더욱 분발하여 공부해 나아가자!

⁰³ 아이는 아이

대사가 비구니들에게 물었다. "그대는 아버지가 있는가?"
비구니가 말했다. "계십니다."
대사가 물었다. "나이가 얼마나 되는가?"
비구니가 말했다. "팔십 세입니다."
대사가 물었다. "팔십도 안 되는 아버지가 있는 걸 기억하는가?"
비구니가 말했다. "이렇게 온 것이 바로 그 아버지 때문이 아니겠습니까?"
대사가 말했다. "역시 아이들은 아이들이구나!"

눈에서 멀어지면 마음도 멀어져서 그런가, 이웃이 나의 사촌이다. 이렇게 마음이 확장되다 보면 종국에는 만나는 대상에 따라 그가 나의 아버지요, 어머니이자, 형제고 자매요, 아들이며 딸자식이다. 특별히 마음공부를 하는 도반은 나이를 불문곡직하고 사형과 사제의 관계가 각별하며, 나아가 스승과 제자 사이에 나이와 학벌 등 세속적인 그 어떤 등식도 내세울 수가 없다. 잠시 이 공안의 참구를 뒤로 하고 우리가 공안을 참구하게 된 배경과 그 유래를 한 번 살펴보자.

공안公案이라는 어휘는 송원宋元 시기 송원화본宋元話本 분류 중 하나인 소설小說의 설공안說公案에서 나왔다는 설이 가장 일반적으로 받아들여지고 있다. 공안은 보통 사건과 관련된 관부官府의 공문서나 판결문, 그리고 민사·형사사건을 포함한 소송사건을 의미한다. 중국의 본격적인 백화소설은 설화의 대본인 화본話本에서 시작되었다. 송원 시기에는 전문적으로 설화를 연출하는 사람들이 많았는데 그들이 다루던 고사의 성격과 연출 방법에 따라 '설화사가說話四家'로 나누었다. 첫째가 소설로 사회에서 발생한 여러 가지 사건이나 기이한 이야기를 다룬 것이다. 설공안은 이 중 하나이다. 둘째는 담경談經과 설참경說參經 등으로 불경을 비롯한 여러 경전과 수행에 관련된 이야기를 다룬 것이다. 셋째는 강사서講史書로 역사적 사건이나 여러 인물들의 이야기를 다룬 것이다. 넷째는 합생合生으로 외래 음악을 바탕으로 이루어진 수수께끼 형식의 놀이다.

이처럼 현재 우리가 다루고 있는 공안이란 옛 스승과 제자 사이에 오고 간 선문답이다. 원오 극근스님은 이를 바탕으로 공안을 공부함으로써 진리를 깨닫고자 하는 선을 창안하였는데, 이를 이른바 공안선公案禪이라고 한다. 이에 상근기가 다루는 현성공안現成公案이란 말하기 이전에 이미 드러나 있고 그 근원에 철저하여야 비로소 계합이 되는 것을 강조하는 가르침의 형태가 있는 반면, 화두공안이란 조사祖師가 수행자를 인도하기 위하여 제시하는 과제를 말로 표현해 주는 것이며 현성공안에서 깨우치지 못한 수행자를 위함이다. 이런 공안선 수행의 부작용을 간파한 대혜 종고스님은 실참이 빠진 이론만이 무성한 공안선의 병폐를 잘 알기에 자신의 스승임에도 불구하고 원오스님이 저술한 일종의 공안 풀이집인 『벽암록』을 불살라 버리고 다시금 수행풍토를 변화시킨 간화선의 창시자가 되었다.

이렇듯 '부처란 무엇인가?' 하는 물음에 '뜰 앞의 잣나무다'라고 하는 조주선사의 답을 현성공안現成公案이라고 한다. 이러한 답의 낙처는 이미 주객을 벗어난 근원지에서 '있는 그대로 보이는 것'을 말함으로써 다시금 본래면목인 근원을 드러내는 가르침이다. 이 방법은 설명이나 이해를 넘어 바로 깨달음에 이르게 하는 방법이다. 화두를 이해하고자 하는 수행자의 마음을 먼저 간파하여 사리분별을 막아버리는 가장 좋은 방법은 그를 극단으로 몰아붙이는 것이다. 다시 말해서 질문을 통해 모순 속에 사로잡히게

함으로써 의심하는 마음을 최고의 상태로 만드는 기법이다. 예를 들어서 지금 식탁에서 밥을 먹고 있다고 가정하자. 젓가락을 집어 들고 수행자에게 말하길 "이것은 젓가락이라고 해도 안 되며 젓가락이 아니라고 해도 안 된다. 이때 이것을 무엇이라고 부르는가?"라고 질문을 던진다면 양변 논리의 모순 속에 사로잡힌 수행자는 극도의 의심 속에서 답을 찾으려는 사유행위를 지속시킨다. 이를 의단疑團이라고 한다. '이 의단을 답이 나올 때까지 오래도록 끌면'(獨露) 결국에는 스스로의 사유와는 상관없이 깨달음에 대한 소식이 오게끔 되어 있다.

"이것은 젓가락이라고 해도 안 되며"라는 말은 번뇌를 일으키는 말이다. 이 말은 사실을 사실대로 말한다고 해도 이는 어긋난 것이며 이미 그 답은 틀렸다는 강한 부정을 의미한다. 무슨 말이냐 하면, 너는 이미 너의 잣대로 세상을 보며 살아왔으니 그 모든 것을 내려놓고 이제 똑바로 보는 연습을 시작해 보자는 스승의 주문인 것이다. 반면 "젓가락이 아니라고 해도 안 된다."는 말은 질문자의 말에 따라 아무 생각도 없이 무조건 답을 위한 부정을 하지 말고 스스로 생각해보라는 강력한 주문인 것이다. 이로써 수행자를 결국 모순의 늪에 떨어뜨린다. 이제 답을 말해야 하는 수행자는 오고가도 못하고 낭떠러지에 자동적으로 서게 된다. 이때 그를 벼랑으로 밀어뜨릴 수 있는 기백은 스승의 깨달음에 대한 확신이다. 이를 줄탁동기啐啄同機라고 한다. 병아리가 알에 나오려고 발버둥을 치며 알을 깨려고 안간힘을 쏠 때 밖에서 어미 닭이 동시에 알 껍질을 쪼아줌으로써 병아리가 부화에 성공하는 것처럼, 제자가 깨달음을 위해 안간힘을 쏠 때 스승이 말이나 행동 등의 가르침으로서 바로 깨달음에 이르게 한다는 것이다.

때론 성실한 수행자가 이러한 의심을 시간과 장소에 상관없이 마음속에 오래도록 품고 있었다면, 그러한 참구자는 스승의 직접적인 가르침과 상관없이 사물의 기연에 따라 깨달음을 얻을 수도 있다. 그런 사례로는 닭 울음소리에 번뜩 답의 낙처가 확연히 드러나기도 하며, 밭일을 하다가 무심코 돌을 집어던진다는 것이 대나무 숲에 떨어져서 그 돌이 대나무에 맞아 '딱!' 하고 소리를 냈을 때 역시 깨달음에 이르며, 또는 시장 저잣거리에서 싸움을 하는 사람들을 구경하다가 두 사람이 결국 화해를 하는데 한 사람이 '미안하네. 내가 잘못했어. 이거 정말 내가 면목이 없네!'라고 말하는 와중에 '면목이 없다'는 말에 계합하여 깨달음의 견처가 확연히 드러나는 경우도 있다. 그러므로 엄격히 말하자면 오도悟道란 '가르침은 깨달음 밖'이라는 말이다. 수행자의 마음에는 이미 깨달음이라는 것이 존재하며 이를 깨달을 수 있게 단초를 제시하는 역할이 스승의 몫인 것이다.

따라서 대사가 물었다. "팔십도 안 되는 아버지가 있는 걸 기억하는가?" 비구니가 말했다. "이렇게 온 것이 바로 그 아버지 때문이 아니겠습니까?" 대사가 말했다. "역시 아이들은 아이들이구나!"라는 문구에서 추측하길, 현상적으로 스승은 제자에게 아버지와 같은 역할도 한다는 의미를 표면적으로 품고 있지만 혈통과 관계를 초월한 '아버지'가 가지고 있는 본래의 뜻은 본원적인 진성眞性을 의미한다. 이는 위에서 언급한 수행자의 마음가짐이 어디를 향하고 있는가에 따라 그 답이 다 다르기 때문이다. 그렇다면 '아이들은 아이들'이란 표현은 바로 진리를 추구하는 자가 곧 진리의 당체가 아니겠냐는 또 다른 복선이 아닐런지……

⁰⁴ 바람이 어디서 나오는가?

종이에 종이라는 것이 없고 대에 대라는 것이 없는데
맑은 바람이 어느 곳에서 나오는가?
종이도 공하고 대도 공한 곳에
청풍이 제 스스로 불어 가고 불어 온다.

공양주 보살이 마을 아래로 내려가 일을 보는 동안 거사 내외가
양백정사에 와 있었다. 스승께서는 먹을 것이 마땅치 않으셨는지
거사 내외에게 밀가루를 찾아 풀어놓으라고 하시고는 나에게 뜰
앞으로 가자고 하셨다. "시창아, 저 가죽나무 잎을 몇 장만 잘 뜯
어라." 나는 붉은 빛이 도는 어린잎만을 뜯어서 광주리에 담았다.
그리고 공양간에 있던 거사 내외에게 넘겨주었다. 이때 거사가 나
에게 물었다. "이게 다 뭐에요?" "가죽나물이래요." 스승께서 옆

에서 대화를 들으시다가 말씀하셨다. "그게 본래 이름이 있더냐? 네가 그렇게 부르니 그럴 뿐이지……"

나의 스승 봉철선사께서는 딱히 법상에 앉아 법문하시는 일이 거의 없으셨다. 특히 대중들에게 먼저 나서서 설법하는 일도 없으셨다. 위의 상황과 같이 항상 생활 속에서 아주 자연스럽게 가르침을 펼치셨다. 이것이 살아 움직이는 생활선生活禪이요, 활발하게 살아 숨 쉬는 가르침인 이른바 생활법문이다.

'이름이라는 것은 무엇일까? 이름은 왜 생겨났으며, 누가 지었을까? 왜 그렇게 부르지?' 하고 가끔 이렇게 원초적인 질문을 스스로에게 던져 봐야 한다. 이것을 우리는 호기심이라고 부른다. 호기심은 모든 탐구의 발로이다. 특히 과학을 융성시키는 원동력이며 '본래 그래, 원래 그런 거야'라고 하는, 타성을 깨부수는 해머(hammer)다. 그렇지 않다면 뉴턴은 절대로 만유인력을 발견하지 못했을 것이고, 나아가 석가모니 부처님조차도 생사의 문제를 해결하지 못하셨을 거다. 특히 수행법 중에 간화선은 이런 호기심으로부터 시작하여 의구심으로 끌고 간다. 쉬운 말로 모든 일에 궁금증이 유발되고 그런 문제를 푸는 데 재미가 들려야 한다는 말이다.

왜 사람은 나고 죽을까, 왜 사람은 생사 가운데에서도 병들어 고통 받을까, 그리고 왜 사람은 늙어갈까 하는 문제를 당시 일반 사람들과 같이 평범하게 생각했다면 '그 현상은 뭐 사람이라면

다 겪는 당연한 거 아닐까요? 먹고 사는 것도 바쁘고, 놀기도 바쁜데 무슨 그런 쓸 데 없는 생각을 하고 계세요? 왕자님, 그런 한가한 생각으로 시간을 허비하고 계신다면 오늘 밤 나랑 같이 근사한 곳에 가서 풍성한 음식과 술과 여인들로 함께 즐겨보시는 것은 어떨까요?'라고 했던 그 권유를 뿌리치지 못했다면 석가족의 왕자, 싯달타는 오늘날 뭇 중생의 스승이 되지는 못하셨을 게다.

종이에 종이라는 것이 없고 대에 대라는 것이 없는데
맑은 바람이 어느 곳에서 나오는가?
종이도 공하고 대도 공한 곳에
청풍이 제 스스로 불어 가고 불어 온다.

위의 게송은 일본 임제종 본산에서 만공스님께 부채를 보내 그 위에 게송을 지어 휘호한 후 보내달라고 부탁하자 스님이 게송을 짓고 휘호한 후 보낸 내용이다.

지무지죽무죽紙無紙竹無竹이라, '종이에 종이라는 것이 없고 대에 대라는 것이 없다.'라고 해석되는 이 문구는 처음 보면 당황할 수밖에 없다. 눈앞에 빤히 놓여 있는 종이를 보고 종이에 종이가 없다니 이 무슨 해괴한 말일까 하고 의구심이 잔뜩 들었을 게다. 게다가 푸른 대나무에서 잘 다듬어져 나와 부채의 모양을 잡아주는 대나무 살을 보고 대에 대라는 것이 없다니, 호기심이 많은 사

람은 그래도 '갈수록 참 점입가경이구나' 하고 생각할 것이다.

　노자의 『도덕경』에 보면 두 번째로 등장하는 글귀가 명가명名可名 비상명非常名이라는 말이다. 이름을 이름이라 하면 그 이름은 항상 불변하는 이름이 아니라고 풀이할 수 있다. 다시 말해서 내가 본래 있던 이름을 내 마음대로 아무렇게나 지어 불렀다면 이때 이름은 본래 이름이 아니라는 뜻이다. 이름이란 상대와 의사소통을 하기 위한 약속이다. 그러나 그 약속 이전의 소식을 알아야 약속을 제대로 잘 지킬 수가 있다.

　잘 생각해 보자. 이름의 탄생은 어디로부터 시작할까? 맑고 투명하지만 물은 아니고, 들이키면 처음에는 쓰고 나중에는 달기도 하며 그 기질은 신령한 기운이 있어 제사 때 꼭 올리는 음식 중 하나이지만 너무 많이 마시다 보면 취하여 정신을 잃는 것을 우리는 '술'이라 이름 지었다. 그럼 술이라고 하면 모든 나라에서 다 통하나? 또 나라마다 말이 달라 외국어로는 와인이라고 부른다. 그럼 술과 와인은 다를까, 같을까? 속성은 취한다는 것이 같을 것이고 서로 부르는 호칭은 다르다. 그러니 부르는 호칭이란 절대적이지 않다. 따라서 본래 이름이란 없다! 불교에서는 없다는 표현을 다양하게 하는데 그중 여기에서는 '공空하다'라고 한다. 공하다는 것은 항상 하지 않고 늘 변화한다고 해도 무방하다. 공의 속성 중에 하나가 항상하면서도 활발하게 변화의 역동성을 동시에 가지고 있다는 점이다.

　다시 본론으로 돌아가자. 지무지紙無紙, 즉 종이에 종이가 없다함은 지금 눈앞에 보이는 종이의 근본은 실제 이름이 종이가 아니다 라는 표현이다. 종이의 본래 이름은 무명無名이다. 뜻을 깊이새겨보자. 종이를 태우면 재가 되고 재가 바람에 날려 하늘로 오르면 먼지가 되겠지. 그럼 종이의 실체란 무엇일까? 지금 눈에 보인다고 이 종이를 그냥 종이라고 하는 것은 옳은 호칭일까? 이렇게 사물이, 대상이 변화하는 것을 '실체가 없다'라고 표현한다. 실체가 없음을 우리는 '공'이라고 부른다. '이것은 종이다'라고 말하는 순간 그 종이는 이름이 있기 전 본래 무명無名의 종이가 아니라 거울 같이 생긴 자신의 마음속에 비추어진 종이로 탈바꿈되어있다는 말이다. 즉, 우리는 사물의 실체를 제대로 보지 못하고 자신의 고정된 개념체계로 종이라고 할 뿐이라는 말이다. 이는 유식학에 기대어 설명한 것이다.

　죽무죽竹無竹, 대에 대라는 것이 없다는 말도, 대에 무슨 이름이있었겠는가? 본래 이름은 없다! 자신의 머리로 사리분별하지 마라. 이름을 버리고 또 버리고 그래서 나아가 더 이상 이름을 버릴수 없는 그 자리까지 몰고 온 그 절벽의 낭떠러지에서 한 발짝 허공으로 더 나아간다면 당신은 정말 오늘 그 훌륭하고 진귀한 이름을 얻을 것이다! 모든 이름이 쏟아져 나오는 어머니의 자궁과 같은 것은 바로 '텅빈 공'이다. 이름 하여 밀교에서 말하는 모든 부처를 쏟아내는 어머니, 이 분이 바로 준제보살准提菩薩이시다. 알겠는가? 이름이 준제보살이시다!

청풍하처래清風何處來, '맑은 바람이 어느 곳에서 나오는가?' 하고 만공선사께서 물으셨다. 앞단에서 정신을 쏙 빼놓으시고 이제는 바람 나오는 곳을 말하라고 다그치신다. 대개 앞단에서 이미 혼절하거나 혼비백산하여 만공스님의 KO 펀치에 맞아 다 뻗어 버렸다. 그러나 이 무쇠주먹은 공부하는 사람에게는 참으로 고맙고 감사하고 친절한 주먹세례였다. 생각하는 놈, 분별하는 놈, 판단하는 놈, 안다고 떠들어 대는 놈, 모른다고 그저 눈만 껌뻑이는 놈, 별별 세상에서 모든 놈들의 쓸모없는 혀를 한 방에 잡아 빼버리는 놀라운 가피력加被力이셨다. 그러나 정작 맑은 바람이 어느 곳에서 나오는가 하고 물으시면서 동시에 답을 해 주시니 참, 이 어르신 또 절이라도 받으시려는가 보다. 도대체 이 질문은 어디서 누구에게로부터 나왔는가?

눈치 빠른 납자는 양팔을 넓은 소매 속에 쑤셔 넣은 채 실실실 웃고 있을 게다. 말하면 그르친다. 여기서는 그저 입 다문 게 상책이다. 친절한 것은 이미 만공선사 큰 어르신께서 다 베풀어 놓으셨다. 그러니 운수납자는 빠져라. 끼어들어 남의 공을 가로채는 일은 허공에 집을 짓는 준조俊鳥가 할 일이 아니기 때문이다. 한 길에 오직 한 부처가 간다. 가던 길 마저 가고, 오던 길이면 마저

와라. 도착하면 이제 그곳이 바로 고향이다.

지공죽공처紙空竹空處, 종이도 공하고 대도 공한 곳이라는 표현은 의중을 드러내는 말이다. 종이가 공하고 대도 공하다. 이는 앞서 설명한 바와 같이 종이나 대는 그저 한낱 이름에 지나지 않는다는 말이다. 이름이 종이고 대일 뿐 종이와 대의 본래 속성은 '공이다'라고 설하시는 거다. 그럼 일체 이름이 끊어진 곳까지 가보자. 마음공부 하는 사람은 절대 용기를 잃어버리면 안 된다.

이 공부는 일대사 생사의 관문을 넘어 한바탕 큰일을 치루는 일이기 때문이다. 그렇기에 그 앞에는 그 무엇도 가로 막을 수가 없다. 부모든 아내든 자식이든 스승이든 조사든 심지어 부처도 가로 막을 수가 없다. 그러니 그 앞을 막는 그 무엇도 과감하게 서슬 퍼런 선의 칼로 목을 치라는 것이다. 그러나 칼을 쓸 때는 항상 칼의 날을 잘 봐둬야 한다. 이 칼은 살인검이자 동시에 활인검이다. 양날이기 때문이다. 앞에 나타난 것을 무조건 죽인다면 절대로 잊지 마라! 일체가 나 아닌 것이 없으니, 비록 경계가 벌어졌다고 해서 칼날을 함부로 휘두른다면, 깨고 나면 자신이 자신을 죽였다는 사실을 알고 통곡할 것이다. 부처가 어찌 부처를 죽이겠는가! 아가야, 첫 걸음은 먼저 공空으로 달려가서 공의 맛을 흠뻑 느끼고 취해서 그곳에서 부처님 젖을 먹고 힘을 길러야 한단다. 아장아장 걷는 걸음으로 어찌 벌써 양날의 검을 휘두르겠다는 말인가!

청풍자왕래淸風自往來, 청풍이 제 스스로 불어 가고 불어 온다.

푸르고 맑은 바람이긴 하지만 어찌 스스로 불어오고 간다고 하실까? 참으로 무심하시다. 힘들여 부채질 하는 놈은 안중에도 없으시네. 아이고, 이 팔 떨어지겠다. 바람 불어 오는 곳을 관할진대, 이미 친절하게 가르쳐 주신 그곳으로 가라. 일체가 다 끊어져 무명무상無名無相한 공空한 그곳으로 가면 그곳에서 제 스스로 부는 바람을 알 수 있다고 하신다.

청풍 스스로 오고 간다는 말은 무심처에서 바라 본 무풍기랑無風起浪이다. 바람도 없는데 파도가 치는구나! 이 말은 은유다. 파도는 바닷물이 아니더냐? 모든 선문답이 은유법이다. 한 뱃속에서 태어난 번뇌와 보리는 쌍둥이다. 무엇을 숨겼을까? 그것을 찾는 데 공을 들어야 한다. 공부가 끝나면 유식학唯識學을 공부하자. 여기에서 비로소 교학으로 이론의 체계를 세울 수가 있다. 물론 벙어리 꾼 꿈을 어찌 다 말로 할 수 있겠냐마는……

『원각경』에서 이르시길, 무변허공이 각소현발이라, 끝없는 무변 허공이 깨달은 바 원각에서 나타났다고 하셨다. 그럼 이 산하대지는 어디서 나왔을까? 『원각경』에서 또 다시 이르시길, "선남자야, 일체중생들의 갖가지 환화幻化가 모두 여래의 원각묘심圓覺妙心에서 나온 것"이라고 설하셨다. 그러니 그깟 청풍뿐이랴! 산하대지가 다 여기서 쏟아져 나왔다. 할!

⁰⁵ 고양이를 살려줘

남전스님이 하루는 동당과 서당에서 고양이 때문에 싸우는 광경을 목격하고서, 한 손에는 칼을 들고 다른 손으로는 고양이를 치켜들고 동서당의 학인들에게 문제를 냈다. "대중들이여, 고양이를 살리고 싶다면 뭐라고 한 마디 일러봐라. 말하지 못하면 베어버리겠다." 대중 중에 대답하는 사람이 하나도 없었다. 이에 남전스님이 고양이를 칼로 베어 두 동강을 내버렸다. 일을 나갔다가 돌아온 조주스님에게 이때의 상황을 설명하고 똑같이 다시 물었다. 질문을 들은 조주는 짚신을 벗어 머리위에 이고서 나가버렸다. 남전스님이 말하길, "그대가 있었더라면 고양이를 살릴 수 있었을 텐데…"라고 하였다.

『조당집』덕산장에 수록된 위의 사건은 이런 배경 하에서 일어났다. 남전화상 문하에 제일수좌가 고양이를 기르고 있었다. 그런데 옆에 있던 스님이 잘못해서 고양이 다리를 부러뜨렸다. 이 일로 인해 동당과 서당의 스님들이 패를 지어 싸움이 일어났다. 이에 남전화상이 서슬 퍼런 칼을 들고 나와 고양이를 잡고서 대중들에게 묻기를, 누군가 '한 마디 말'할 수 있으면 고양이의 목숨을 구할 수 있다고 하였다. 대중 가운데 대답하는 이가 없자 사정없이 고양이를 반 토막 내어 버렸다.

일단 여기까지 살펴보자. 마음공부를 하는 수행승들인데, 그것도 남전스님이라면 선사로 그 밑의 학승들도 모두 선을 배우는 스님들일 텐데 고양이 한 마리 때문에 동당과 서당으로 패를 지어 싸움이 났다는 것은 참으로 이해가 되지 않는 광경이다. 평소 얼마나 격하게 감정이 서로 상해 있었으면 그렇게까지 당쟁으로 몰고 갔겠는가 하는, 문제가 참 심각했었다는 것을 추정해 본다. 그러나 스님도 사람인데 뭐 그럴 수 있지 않겠느냐고 말한다면 어쩔 수가 없지만 스승의 입장에서는 참 속 터지는 한심한 일이 발생한 것이다. 무지하고 어리석은 중생을 제도하는 스승의 단호한 입장으로 취한 마지막 방법은 불교의 금기 중 첫 번째인 살생殺生이었다. 그러나 살생을 하기 전 마지막 한 번의 구제할 기회는 주었다. 고양이를 살리는 한 마디를 해보라고 했지만 아무도 대답하지 못했다. 결국 선사는 고양이를 죽였다. 여기까지가 전말顚末

이다.

선사는 고양이를 살리기 위해 무슨 말을 하라는 것일까? 곰곰이 생각해 보자. 일촉즉발─觸即發의 위기감이 비장함마저 드는 장면이다. 선사가 든 칼을 빼앗지는 못할망정 차라리 일촉즉발의 말뜻처럼 남전선사의 옷깃이라도 살짝 건드렸었다면 고양이는 죽지 않았을 게다. '한 마디 말'을 이르라는 질문은 다른 말로 표현한다면 불법의 대의가 무엇이냐고 묻는 물음이다. 지금 싸우고 있는 와중에 그래도 여기서 도道를 얻은 놈이 있으면 나와 보라고 하시는 말씀이다. 그리고 도를 얻었다면 한 마디 말로 해보라고 주문하시는 거다. 이 글을 읽는 지금 독자 같으면 무어라고 말할까요? 바로 1초 만에 정답이 나오지 않으면 고양이는 그 자리에서 죽음을 면치 못합니다.

도란 모양이 없어서 무어라 표현할 수가 없다. 이때는 도를 체성에서 바라보는 것이지만 용의 입장으로 나오면 이때는 활발하다. 체성에 가서는 말할 수 없으나 용에 가서는 말하는 대로 이룬다. 칼을 잘 쓰면 생명을 살릴 수도 있지만 잘못 쓰면 죽이기도 한다. 이때 칼은 바로 도다. 도란 바로 알고 제대로 쓰면 중생을 구제하나 모르고 함부로 쓰면 여럿이 다친다. 도란 무슨 특별한 것이 있는 게 아니다. 그저 평소와 같다. 그냥 '우리들이 잘못했습니다' 하고 참회하면 된다. 그렇게 반성하면서 '뭇 생명을 우리의 허물로 인해 대속한다는 것은 너무 하니 살려 주십시오' 하고 청하

면 될 것을 그럴 용기마저 없는 비겁자들이다. 선에 무슨 특별한 것이 있다고 생각하는 순간 이렇게 한 생명조차 구할 수 없는 나락으로 떨어져 버리고 만다. 그들이 공부하던 선은 그저 말만 선이지 제대로 공부하고 있었던 것이 아니다. 생활과 동떨어진 선, 이론과 실제가 맞지 않은 황당무계한 선, 공부는 공부대로 일은 일대로 따로따로인 선을 하고 있었던 것이다. 작금의 우리네 종교 생활도 이와 유사하다.

훗날 설봉스님이 이 이야기를 듣고 덕산선사에게 질문했다. "남전화상이 고양이를 벤 뜻이 무엇입니까?" 덕산선사는 설봉을 밀어내면서 때리니 설봉이 달아났다. 이에 덕산선사는 다시 설봉을 불러 세우고 "알겠는가?" 하니 "모르겠습니다." "내가 그대를 위해서 그토록 애썼는데 그대는 모르는구나!" 덕산선사가 암두스님에게 말했다. "알겠는가?" "모르겠습니다." "모르는 것을 잘 지니는 것이 좋겠다." "이미 모르거늘 잘 지닐 것이 무엇입니까?" 이에 덕산이 말했다. "그대는 마치 무쇠 말뚝 같구나!"

생각을 일으키는 순간 그대는 이미 그르쳤다. 무생법인無生法忍이라, 망상을 참고 이겨내는 데 진리가 있는 것이 아니라 망상이 일어나지 않는 경지에 이르러야 비로소 할 일을 다 마쳤다고 할 것이다. 밖의 일이 정리가 되어 나의 마음이 안정된 것이 아니라 마음이 이미 안정되었기에 밖의 일을 잘 수습하는 것이다.

설봉과 덕산스님의 일례처럼 도란 이렇게 알 수 없는 것을 아는 데에 있다. 동그란 것은 자신이 동그랗다는 것을 알지 못한다. 마치 눈이 눈을 알 수 없듯이, 눈은 사물을 보고 있는 데서 그 눈의 존재를 확인할 뿐이다. 도나 부처나 다 마찬가지다. 그러니 도란 무엇인가 하고 묻는 남전스님의 허물이 첫 번째 인 것이다. 그러나 선사께서 그것도 모르고 물었을까? 남전스님의 수준을 우습게 보지 마라! 알고 묻는 것과 모르고 묻는 데는 하늘과 땅만큼의 차이가 난다. 이미 불법에 발목이 걸려서, 어찌 스님이 고양이를 죽였는가 하고 따지는 순간 당신도 역시 남전의 예리한 칼날에 목이 날아갔다. 종사의 칼은 시간과 공간을 이미 갈라놓았기 때문에 아직도 그 예리한 기봉에 서슬이 시퍼렇다. 그러니 함부로 나대지 마라. 항상 그저 웃기만하는, 무조건 다 자비만 베풀어 감싸주기만 하는 그런 보살이 아니라, 불법의 법령이 준엄하다며 그를 준수하는 십일면관세음보살의 화신이시다. 오죽하면 훗날 원오스님께서도 "통쾌하다. 통쾌하다."고 착어를 다 하셨을까!

축생도畜生道에서는 축생으로 응현하여 불법을 수행하도록 하는 남전화상은 이류중행異類中行이라는 설법으로 유명한 스님이시다. 그런데 고양이를 죽이셨으니 그 행위의 깊은 뜻은 아래와 같다.

너희가 진리를 깨닫지 못하면 그러는 동안 중생은 이렇게 죽어 나간다. 끝없는 윤회의 수레바퀴에 깔려 신음하는 중생들의 아비규환의 비명소리를 듣지 못하는가? 시시비비만 따지고 온통 분별심에 사로잡혀 심지어는 탐착하는 마음으로 속세의 중생보다도 더 못한 행동만을 일삼으니 스승인 내가 무척 부끄럽구나! 이 바보들아! 중생과 네가 둘이 아님을 안다면 이 고양이의 목숨이 너의 목숨과 다를 것이 무어냐! 고양이와 네가 둘이 아니다. 보라! 이 고양이 보살의 위대함을, 너희 무지를 지금 대속하도다! 너희가 지금 편히 선방에 앉아서 참선 공부하는 시간에 너희의 깨달음을 위해 뒷바라지하는 보살과 처사의 따뜻한 손길을 왜 기억하지 못하는가! 물론 그도 싫어 자급자족했던 시절도 있었지만 인간의 도움만이 도움이더냐! 어찌 세상 온갖 만물이 수좌의 깨달음을 위해서 모두가 돕고 있다는 사실을 알지 못하는가! 하긴 그것을 알았더라면 이런 일도 없었으련만… 쯧!

자, 후 말구의 나머지 화두를 풀러 가보자. "일을 나갔다가 돌아온 조주스님에게 이때의 상황을 설명하고 똑같이 다시 물었다. 질문을 들은 조주는 짚신을 벗어 머리 위에 이고서 나가버렸다." 무슨 까닭일까? 너는 이 상황에서 고양이를 어떡하면 살릴 수 있겠니 하고 물었는데, 조주는 아무 소리도 하지 않고 신던 짚신을 머리에 이고서 나가버렸다니 참으로 해괴하구나! 그러나 역시 종사의 눈은 매처럼 날카롭다. 이미 답을 아셨기에 그의 그런 행동을 칭찬하시니 참으로 야단법석이 따로 없다. 혹자는 조주가 짚신을 이고 나간 것은 남전의 질문 자체가 잘못된 것이라고 지적하는 상징적 표현이라고 주장하지만 이는 남전스님의 수준을 무시한 처사다.

하등한 근기의 사람이 남전을 일컬어 살생을 했느니 거칠다느니 하지만 이는 '그대가 있었더라면 고양이를 살릴 수 있었을 텐데…'라는 문구로 모든 것을 갈무리했다. 조주는 남전을 가르치려고 그런 행동을 한 것이 아니라 중도적 표현을 한 것뿐이다. 이것이 바로 해인삼매에서 나오는 답이다. 일도양단一刀兩斷이란 이런 상황을 두고 비유하는 것이다. 만일 혹자처럼 남전이 그랬다면, 자신이 고양이를 살생한 것을 후회한다는 말을 남겼을 것이다. 하긴 여우가 있어야 호랑이의 위엄이 더욱 빛나는 법!

마음, 마음 하지만 마음은 쓰는 데서 마음이 드러나지, 마음을 쓰지 않는다면 그 마음은 사라져 알 수도 볼 수도 만질 수도 없다. 그런 게 마음이다. 다시 말해 마음은 쓰는 데 있다. 그럼, 신발을 머리에 인다는 것은 그 사용이 잘못되었다고 항변하는 것이다. 신은 발에 맞는 것인데 머리로 이었으니, 이는 '도란 말할 수 없음에도 불구하고 한마디 일러보라고 한 스님이 잘못 아닌가요?' 하는 것이다. 그래서 자신의 스승에게 바로 스승님이 잘못된 질문을 하신 거라고 바로 지적하면 예가 아니기에 몸으로써 묵언하며 이를 표현했다고 볼 수도 있다. 이것이 일반적인 견해이다.

그러나 '그대가 있었더라면 고양이를 살릴 수 있었을 텐데…'라고 갈무리한 문구로 보면 남전은 평소 조주를 눈 여겨 보았다는 것을 암시한다. 이미 조주 그가 한소식해서 어느 경지에 올라 있는지 스승인 남전은 간파하고 있었다. 그래도 미련이 남았는지 부처 한 분 더 건져 볼 량으로 무리수 아닌 무리수를 두었지만 역시나 남전이 헛물을 켜고 말았다고 볼 수도 있다.

물론 이렇게 볼 수도 있지만, 이렇게 본다면 이는 남전과 조주를 나누어 본 것이다. 이미 차별심으로 해설했다는 말이다. 조주는 그저 도란 말에 있지 않고 움직여야 드러나는 것이니 몸소 신을 이고 나가는 것으로 표현했을 뿐이다. 만일 그때 벽에 모자가 걸려 있었고 조주스님이 그냥 그 모자를 쓰고 나갔다면 답이 아닐까? 만일 답이 아니라고 생각한다면 그대는 아직도 천리 길이다. 젓가락이 분노에 찬 사람의 손에 쥐어지면 그 순간 젓가락은 살인 무기로 돌변한다. 신발은 신는 것이라는 사용처에 대한 고정 관념과 선입견도 모두 버려라.

하여튼 이렇게 보지 않고 계속 남전과 조주를 나누어 본다면 이런 이는 석가 세존께서 연꽃을 들었을 때 가섭존자가 웃은 것을 보고 '자, 봐라! 이제 세존이 자리에서 내려와 가섭에게 자리를 빼앗겼으니 고로 가섭이 세존보다 더 우월하다'고 말하는 것과 무엇이 다르랴! 힘들게 올라와 낭떠러지에 선 것은 칭찬받아 마땅

하나 그래도 마저 한 발을 내딛지 않은 허물은 바로 당신에게 있다는 사실을 간과해서는 안 된다. 그러니 함부로 세 치 혀를 내두르지 마라! 아직도 종사의 칼날은 서슬이 시퍼래서 쓰고 나면 항시 다시 닦아 거두신다!

「십우도」에 나오는 까만 소가 하얀 소가 되듯이, 아뢰야식의 새까만 업종자가 부처의 반야지혜로 발현될 때 선정에서 깨어 불안佛眼의 눈으로 세상을 바라볼 때 일체의 모든 행동은 일승도一乘道를 이룬다는 말씀이다. 그러니 남전의 살생은 중생을 죽이고 부처를 탄생시켰으며 반면 부처를 죽여 뭇 중생들을 구했으니 이미 남전의 칼은 살인검이자 동시에 활인검이기도 하다. 역시 조사의 칼은 언제나 양날이다. 혹자는 도를 닦는다고 하지만 도는 절대 닦는 데 있지 않다. 다만 정은 부지런히 닦는 데 있다. 눈 먼 봉사가, 소경이 소경을 인도하는 세상이다. 남전의 칼을 생각한다면 멀어버린 봉사의 두 눈도 번쩍 하고 제대로 다시 뜨게 되지 않을까? 기대해 본다.

그러므로 남전은 제자들을 위해서 고양이를 죽이는 행위도 서슴지 않았지만 정작 까막눈들을 눈뜨게 하는 데는 실패로 끝나고 말았다. 하지만 당시의 실패가 훗날 이렇게 무수히 많은 무명의 눈을 뜨게 하는 데 초석이 될 줄이야! 이 화두는 오랜 세월을 거쳐 여러 화두 중에서도 으뜸의 자리를 차지하고 있다.

⁰⁶ 배고프면 밥 먹고 졸리면 잔다

방거사가 초악 암자에 홀로 앉았다가 갑자기 말하였다.

"어렵고도 어렵구나, 백 섬의 참깨를 나무 위에 펼쳐놓는 일이로다."

방거사의 아내가 듣자마자 말하였다.

"쉽고도 쉽구나, 백 줄기 풀잎 끝에 조사의 뜻이로세."

딸 영조가 말했다.

"어렵지도 않고 쉽지도 않구나, 시장하면 밥을 먹고 고단하면 잠을 잔다."

방거사는 중국 당나라 때 호남성 형주 사람이다. 재가불자로 가족 모두가 성도하였다. 재가자로 성도한 사람은 인도의 유마거사, 신라의 부설거사와 그의 가족이 있다. 방거사는 유복한 집안에서 태어나 유생儒生으로써 관리를 뽑는 시험을 보기 위해 친구인 단하와 같이 가는 도중 주막에 들렀다가 어떤 스님으로부터 '선관장에서 뽑는 관리가 되기보다 선불장選佛場에서 부처가 되는 것이 으뜸'이라는 말을 듣고 단하와 함께 석두와 마조선사의 문하로 들어가 공부하여 도를 성취했다.

당시 방거사는 농장의 주인(莊主)으로 많은 재물을 소유하고 있었는데 호남성 동정호에 재물을 모두 수장시켜 버렸다. 이때 이를 본 어떤 이가 "그 많은 재산을 가난한 이에게 나누어주지 왜 아깝게 호수에 버렸느냐!"고 질책하자 "재물은 탐욕을 부르는 것이고, 진정한 보시란 탐욕을 생기지 않게 하는 것이다."라는 명언을 남겼다. 그리고 가족을 데리고 동굴에서 살면서 대나무로 바구니를 만들어 최소한의 생계를 유지했다. 이는 수행에 걸림이 없게 하기 위해 필요한 만큼만 일을 한다는 의미로 해석하기도 한다. 방거사는 부인도 공부를 시켜 도인으로 만들었고 아들과 딸도 모두 득도하였다. 특히 딸 영조는 그 아버지를 능가할 정도로 선적 안목이 매우 높아 후세에도 많은 사람들의 칭송을 받고 있다.

방거사 가족들은 도력이 매우 높아 생을 마감할 때도 그 자리에서 바로 입멸하였다. 방거사는 어느 날 자신이 입적할 날과 시간을 이미 정했다. 그날 입적 시간에 맞추어 좌탈을 하려고 딸 영조에게 시간이 어찌되는지 알아보라고 이렇게 말했다. "나가서 해가 얼마나 올라왔는지 보고 정오가 되면 나에게 말해다오." 하였다. 그런데 밖으로 나갔던 딸이 방거사에게 "아버지 지금 일식이라서 해가 없는데요. 한번 나가보세요." 하였다. 이에 방거사가 밖으로 나가자마자 영조는 아버지 자리에 바로 올라 앉아 가부좌를 하고 합장을 한 채 바로 좌탈입망하였다. 방거사는 "내 딸이 정말 빠르긴 빠르구나." 하고 7일 후에 입적하였다. 이 소식을 밭일을 하다가 접한 아들은 괭이자루에 머리를 기댄 채로 서서 가버렸다. 방거사 부인은 아들을 화장한 후 어디론가 사라져버렸다.

방거사는 석두화상 밑에서 공부하기도 했는데, 하루는 "만법과 짝하지 않은 사람은 누구입니까?" 하고 묻자 석두스님이 방거사의 입을 손으로 막아버렸다. 이에 홀연히 깨친 바가 있었다. 또 마조스님을 참배 후 같은 질문을 하니 이에 마조스님께서 "그대가 천강의 물을 다 마시고 오면 말해주겠다."는 말에 그 뜻을 단박에 알아차렸다. 그리고 그곳에서 마조스님을 2년간 모셨다.

선사는 말로써 도를 드러내지 않는다. 말로써 선을 설명하는 것은 삼류다. 어째서 손으로 막았을까? 말하지 않는 데 진리가 있다. 토끼를 잡으려면 먼저 그 흔적을 찾아야 한다. 그 흔적을 찾아 따라가다가 보면 결국 토끼를 잡을 수가 있다. 이때 토끼를 잡은 사람은 여태껏 지나온 흔적은 머릿속에서 이미 새하얗게 잊어버리고 만다. 물고기를 잡으려고 통발을 놓았다. 물속에서 통발을 건져 올리니 고기가 망 속에 가득하다. 물고기를 잡고 집으로 돌아오는 길에 통발은 생각도 안 난다. 진리를 말로써 설명하지만 그 뜻을 깊이 깨닫고 나면 말은 이내 사라진다. 알겠는가? 묻는 순간 그르친다. 일체가 번뇌 망상이다. 먼저 쉬는 법을 배우라. 친절하게도 손으로 막아 주시는 석두스님의 가르침은 참으로 온몸으로 확철대오하신 분이 아니면 그렇게 할 수가 없다. 이에 방거사는 석두스님으로부터 깨달은 것이 있어 이렇게 게송을 지어 올렸다.

일상의 일이란 별 게 없구나
오직 내 스스로 잘 조화로울 뿐
사물마다 취하거나 버릴 것 없어
발길 닿는 곳마다 내 마음에 맞음과 거슬림이 없네
그 누가 고관대작을 들먹이는가
청산은 티끌 한 점 없는 본래 자리니
신통 묘용이란 물 긷고 장작 나르는 일이로다

마조선사는 또 어떠신가? 천강의 물을 다 마시고 오라니, 오늘 방거사 잡는 날이다. 천강의 물을 다 마실 수도 없거니와 아마 다 마셨다고 해도 마조스님은 눈썹 하나 까닥하지도 않고 게다가 한 말씀조차도 벙긋하지 안으셨을 거다. 말로써 이루 다 말할 수 없는 자리, 그곳이 만법과 짝하지 않은 자리다. 중도의 자리요, 그것은 진리 당체이다. 천강의 물은 토끼 뿔이요, 거북의 등짝에 난 털이다. 달을 보라고 손가락으로 가리키니 달은 보지 않고 손가락만 보는구나! 그러니 헛물 켜지 말고 묻지도 따지지도 마라. 이 도리가 여기에 있다. 그러나 묻지 않으면 학인의 자세가 아니다. 그럼 물으라는 소린가 말라는 소린가? 물을 때 묻는 그놈을 보고, 묻지 않을 때 묻지 않는 그놈을 찾으라. 그렇다면 천강의 물을 다 마셔버려 바짝 메마른 강바닥을 볼 것이다. 거기에 한소식이 있다. 방거사는 활연대오하여 마조스님께 이렇게 게송을 올렸다.

사방에 모든 이들 한자리에 모여서
각자 모두 무위법을 배우네
여기는 부처를 뽑는 선발장이니
마음을 비우면 급제하여 돌아가리

하루는 두 부부가 무생無生의 도리를 이야기하다가 이런 내용을 전개시켰다. 먼저 방거사가 "어렵구나 어려워, 백 섬의 참깨를 나무 위에 늘어놓는 일이다."라고 했다. 그 작은 참깨를 나무 위에 올려놓는 것도 모자라 백 섬이나 되는 양을 어찌하란 말인가! 설사 나무 위에 다 올려놓는다고 하여도 바람이 불지 말라는 법도 없다. 그럼 나중에 쩔쩔 매는 꼴이란 참으로 가관이다. 그러니 방거사 마음이 자못 이 일로 인해 번거롭다는 생각이 일어나면서 이 일이 어렵다는 사량분별을 일으켰다. 그러나 어려워서 어렵다고 했을까? 방거사의 진심은 딸 아이 공부랑 마누라 공부가 어찌 되는지 시험해 볼 요량으로 슬쩍 엄살을 피웠겠다! 그 작은 참깨를 둔탁한 손으로 집듯이 이 공부는 깊이 들어갈수록 섬세하게 해야 한다. 그러나 참깨 백 섬이라는 엄청난 수량처럼 무수한 세월을 공부해 왔으나 몇 생을 제대로 닦지 못해 그 수많은 윤회의 세월을 보내고서 여기까지 흘러왔다는 것 아니겠는가!

그런데 참깨를 말리려면 그저 평평한 땅 위에 멍석을 깔아 말리면 쉽게 될 것을 굳이 나무 위에 올리는 해괴망측한 짓은 무엇을 의미하나? 이것은 도를 얻는다는 것이 무슨 특별한 수행을 하거나 요란스레 어려운 일을 하는 것처럼 여기지 말라는 소리다. 이 절 저절 선방을 찾아 참선을 합네, 도를 닦네 하는 것이 모두가 상에 박힌 짓이다. 그렇다고 마음공부 하지 말라는 것이 아니다. 공부를 해도 공부한다는 상이 있다면 그 공부는 모래를 쪄서 밥을 짓는 미친 짓거리를 하는 것과 다를 바가 없다는 이야기다. 그러니 해도 함이 없이 하라는 무위의 가르침이다. 마음이 움직이면 이내 그르친다. 부동심! 상이 없는 마음이다. 무생이란 번뇌가 일어나지 않는 마음, 사량 분별이 다 쉬어진 마음이다. 그러나 오염된 마음으로 하는 이 수행이란 게 그리 만만치 않구나! 비록 코앞에 놓여 있어도 보기 힘든 것이 이것이니, 참깨를 나뭇가지에 올려놓는 것과 무엇이 다르단 말인가. 그러니 '어찌 어렵다고 하지 않을 수 있겠는가!' 하고 어깃장을 놓아 본다.

이에 방거사의 아내가 듣자마자 답하였다. "쉽고도 쉽구나, 백 줄기 풀잎 끝에 조사의 뜻이로세." 하고 응수를 한다. 이 정도면 방거사 입에 재갈을 물려도 단단히 물려버렸구나! 어렵다고 하니 바로 쉽다고 응수한다. 방거사가 입을 벌렸을 때 이미 아내는 눈치챘다. 당신이 극단으로 나가면 나 역시 반대쪽의 극단으로 가서 균형을 맞추어 주겠다는 것이다. 왜? 이것이 바로 이류중행이요, 동사섭이다. 교화란 상대방의 눈높이를 맞추는 것이다. 철학자 니체는 친구를 사귐에 있어서 두 부류의 형태로 설명했다. 하나는 상근기의 친구가 하근기인 친구의 낮은 눈높이를 맞춰주기 위해서 낮은 자세를 취해 친구를 사귀는 방법이 있고, 다른 하나는 하근기의 친구를 격발시켜 스스로 자질을 높이게 끌어줌으로써 상근기의 위치로 올라오게 하는 방법이 있다. 결론은 어느 쪽이든 눈높이가 맞아야 한다는 것이다. 하여튼 호랑이를 잡으려면 호랑이 굴로 들어가듯이 도둑놈을 교화하려면 도둑놈 소굴로 들어가야지 어쩌겠는가? 역시 부창부수로서 그 남편에 그 아내다. 부부란 이렇게 손발이 척척 맞아야지, 도둑질도 손발이 맞아야 해먹는다는 말이 이를 두고 한 말이다.

다시 "백 줄기 풀잎 끝에 조사의 뜻이로세."라는 말을 음미해 보자. 먼저 백 줄기의 풀잎 끝에 묻어 있어야 할 것이 어찌 조사의 祖師意란 말인가? 추측하기도 힘든 알 수 없는 말이다. 그러면 자연계에서 그렇게 많은 풀잎 끝에 묻어 있을 수 있는 것은 무엇일까? 바로 이슬이다. 백 줄기나 되는 풀잎에 동시에 같은 것을 묻힐 수 있는 물질은 이슬밖에는 없다. 그러면 이슬 묻은 풀잎이란 무엇을 상징하나? 이슬은 허무한 것이다. 햇볕이 나면 언제든지 사라져 버리는 허망함을 상징한다. 『금강경』에서 나오는 비유처럼 일체 모든 유위법은 꿈과 같고 이슬과 같으며 환상과 같고 그림자와 같다. 따라서 일체의 모든 유위법인 세속은 바로 백 줄기의 풀잎을 나타내는 말이다. 그러므로 백 줄기의 풀잎이란 그저 우리 눈앞에 펼쳐져 있는 현실적 세상을 말한다.

그런데 풀잎 위에 이슬이 묻지 않고 대신 조사의 뜻이 올라앉았다. 이건 또 무슨 말인가? 역대 조사의 가르침이 무엇인지, 그 가르침의 뜻이 무엇인지 알아보자. 이는 말 없는 가르침으로써 마음에서 마음으로 이어져 왔다. 조사들은 불이不二를 가르쳤고 차별심을 버리라 했다. 둘로 나누어 보는 마음은 항상 극단을 자초했고 분별에 따른 문제를 야기시켜 왔다. 그래서 나와 네가 둘이 아닌 세상, 진과 속이 나누어지지 않은 세상을 구현하기 위해 깨달으라고 하셨다. 풀잎 끝에 조사의는 바로 이런 세상, 즉 진속이 둘로 나누어지지 않은 세상을 말한다. 그러나 각자覺者의 눈이 아니라면 어찌 이리 표현할 수 있을까! 속인의 눈으로는 도대체 이 세상이 더럽고 추한 속세 그대로이지 우주법계의 진리 그대로임을 인정하기 힘들다. 이 자리는 아공과 법공, 그리고 그 양공 자체마저도 타파된 자리이다. 그래야 비로소 풀잎 끝에 조사의 뜻이 충

만하다. 결론적으로 방거사 아내의 말은 이렇게 정리할 수 있다. "세상은 불법으로 가득 찼다. 이대로가 진여법계인데 무엇을 찾아 헤매기에 어렵다고 호들갑이냐! 이 늙어빠진 영감탱이야!"

마지막으로 딸 영조가 마무리를 했다. "어렵지도 않고 쉽지도 않구나, 시장하면 밥을 먹고 고단하면 잠을 잔다."고 응수했다. 아버지는 어렵다고 하고 어머니는 쉽다고 하니 딸 영조는 헷갈릴 만도 한데 양 극단을 한칼로 잘라버렸다. 사량분별하는 마음을 단칼에 쳐버렸다. 그러면서 말한다. 어렵지도 않고 쉽지도 않다고. 그런데 이는 대체 무슨 말일까? 어려우면 어려운 거고, 쉬우면 쉽다고 해야지, 이도 아니고 저도 아니라면 도대체 무엇을 말하는 걸까?

쉽지도 않고 어렵지도 않은 이유를 다음 비유에서 찾아보자. 보조선사에게 학인이 묻는다. "무엇이 공적영지입니까?" 즉, 무엇이 부처인가, 어떡하면 도를 얻을 수 있나 하는 물음이다. 선사가 이에 답하길, "지금 네가 묻는 그것이 바로 그대의 비고 고요하며 신령스러이 아는 마음이거늘 어찌 돌이켜 보지 않고 아직도 밖에서 찾는가?" 하였다.

영조가 말한 '쉽지 않다'는 것이란 바로 부처를 마음 밖에서 찾는 일이다. 도가 마음 밖의 어딘가에 있다든지 또는 어떤 행위를 통해 얻어지는 것이라고 착각한다면 밖으로 구하려고 치닫는 마음은 영원히 자신의 본래면목을 밝힐 수가 없게 된다. 이는 마치

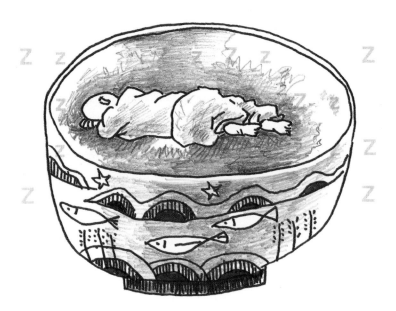

흙탕물에 얼굴을 비추어 본 어리석은 사람이 더럽혀진 흙탕물로 인하여 자신의 모습을 보지 못하자 겁이 덜컥 나서 온 동네를 찾아 헤매는 것과도 같다. 그러니 그 일은 무지무지하게 쉽지 않은 일이 되고 만다.

그럼 '어렵지 않다'는 것은 무엇일까? 이 문제도 역시 보조선사의 다음 답으로 가름해 보자. "나는 지금 그대의 분수에 의거하여 본래 마음을 바로 가리켜 그대로 하여금 깨치게 하거니 그대는 모름지기 마음을 깨끗이 하여 내 말을 들으라. 아침부터 저녁까지 열두 시간 동안에 보기도 하고 듣기도 하며, 웃기도 하고 이야기도 하고, 성내기도 하고 기뻐하기도 하며, 옳다고 주장하고 그르다고 헐뜯기도 하면서 갖가지로 활동을 하나니, 이것은 무엇이 그렇게 하는지 말해 보라!"

"만일 육신이 운전한다면, 무엇 때문에 어떤 사람이 갑자기 죽어 몸은 아직 전혀 썩지 않았지만 눈은 보지 못하고, 귀는 듣지 못하며, 코는 냄새를 맡지 못하고, 혀는 말을 하지 못하며, 몸은 움직이지 못하고, 손은 붙잡지 못하며, 발은 걸어가지 못하는가? 이것으로 보건대 듣거나 동작하는 것은 반드시 너의 본래의 마음이요, 너의 육신이 아님을 알 수 있다. 하물며 이 육신을 이룬 사대는 그 성품이 공하여, 마치 거울 속의 형상과 같고 물 속의 달과 같은데, 어찌 능히 항상 분명히 알면서 환하고 어둡지 않게 항하의 모래 수 같이 많은 묘한 작용을 다 통하리요? 그러므로 말하길 '신통과 묘용이 곧 물 긷고 나무 나르는 것이다.'라고 하노라."

마음이 곧 부처다. 그러니 마음 밖에서 깨달으려는 일체 망상을 거둬들이고 마음이 곧 부처임을 알라는 말씀이다. 그러면 이렇게 쉬운 일이 더 어디에 있겠는가! 세수하다가 코 만지는 것처럼 영조가 이를 지적하여 어렵지 않다고 한 말이다.

그래서 영조는 결론적으로 "시장하면 밥을 먹고 고단하면 잠을 잔다."고 표현했다. 당연한 일 같지만, 도를 깨치면, 불성을 보면, 본래면목을 찾으면 무슨 신통방통한 일을 할 수 있는 신비한 능력을 얻는 것처럼 생각하는 이들도 있다. 그런 마음으로 결과를 생각했다면 영조의 답변은 참으로 싱겁기 짝이 없다. 그저 일상사 아무나 다 할 수 있는 일이기에 허망하기까지 하다. 그러나 보조 스님은 깨닫고 나도 무슨 특별한 것이 있는 게 아니라, '신통과 묘용이 그저 물 긷고 나무 나르는 것'이라고 하신다.

그러니 깨달은 사람의 분상에서는 이것이 오히려 참으로 신기하고 묘한 도리라고 생각할 수밖에 없다. 가만히 생각해 보자. 내가 이렇게 말하는 것이, 내가 이렇게 글을 쓰고, 또 쓴 글을 읽고 있다는 것이 너무 신기하지 않는가? 무엇이 있어서 이렇게 읽고 쓰는 것이 가능한지 돌이켜 볼 수만 있다면 당신은 이 자리에서 바로 잃어버렸던 자신을, 바로 자신이 부처임을 깨달을 것이다. 그러니 영조는 깨달음을 얻고 난 후에도 평상시와 같이 그저 일상에 충실하게 살아 갈 뿐이라고 노래하고 있다. 대개 선시의 결구로 일상의 당연한 광경이 펼쳐지는 이유가 여기에 있다. 이제 아름다운 선시 한편으로써 이 장을 가름하고자 한다.

춘음春吟

지팡이 데리고 깊은 골 따라
외홀로 흐르며 봄을 맞는다
오는 길 소매 가득 꽃의 냄새여
나비 한 마리 향기 따라 멀리서 온다

⁰⁷ 눈송이들은 어디로 떨어지나

방거사가 약산 유엄선사를 작별하니, 약산선사가 열 사람
의 선객에게 명하여 일주문 입구까지 전송케 했다. 방거
사가 허공에 날리는 눈을 가리키면서 "멋진 눈이 송이송
이, 다른 곳에 떨어지지 않는구나!" 하였다. 이때 전씨 성
을 가진 선객이 "그럼, 어디에 떨어지나요?" 하고 물었다.
방거사가 질문한 선객을 주먹으로 한 대 쳤다. 전씨 선객
이 "거사님! 그리 거칠게 함부로 행동하지 마시오." 하였
다. 방거사는 "당신이 그런 소견으로 선객이라 칭하니, 염
노자(염라대왕)가 당신을 가만두지 않을 것입니다." 하였
다. 전씨 선객이 다시 묻길, "그럼 거사라면 어떻게 하시겠
소?" 하자 방거사는 또 다시 주먹으로 한 대 때리며 말했
다. "눈으로는 보고 있으나 봉사 같고, 입으로는 말하고 있

으나 벙어리 같군!"

방거사와 지금 막 작별을 고한 중국의 약산 유엄(藥山惟儼, 745~
824)선사의 임종 때 모습은 한 편의 드라마 같았다. 법당에서 두
눈을 감고 좌선 중이던 유엄선사가 갑자기 벌떡 일어나더니 마치
불이라도 난 듯이 고함을 질러댔다. "법당이 무너진다. 법당이 무
너져!" 주위에 있던 스님들이 깜짝 놀라 자리에서 벌떡 일어나 기
둥을 꼭 붙들고 또 어떤 이들은 버팀목을 찾으러 이리저리 뛰어
다녔다. 허둥대는 모습을 지켜보던 선사는 손을 내저으며 "그대
들은 나의 뜻을 모른다."라고 말하고서 웃기 시작했다. 그렇게 웃
음을 터트리더니 갑자기 뚝 그쳤다. 그리고 숨을 거두었다. 마지
막 가는 길에서조차 제자들에게 깨우침을 주려고 소리치셨던 '법
당이 무너진다'는 말은, 허망한 육신일지라도, 이렇게 죽어 썩어
없어져 흩어질 사대라 할지라도 부처님을 모시는 몸이라면 바로
이 육체가 법당이라는 가르침이셨다.
  그런 유엄선사가 열 명의 선객에게 일주문 입구까지 방거사를
전송하라고 명했다. 겨울이었던지라 밖에는 함박눈이 펑펑 내리
고 있었는데 허공에서 떨어지는 눈송이들이 그토록 탐스러웠나
보다. 방거사가 무심결에 떨어지는 눈을 바라보면서 "멋진 눈이
송이송이, 다른 곳에 떨어지지 않는구나!" 하고 혼잣말을 하였다.

그런데 이 방거사의 감탄사가 좀 어딘가 모르게 어색하다. 그냥 '눈이 멋지게 참 잘 내리네' 하면 될 것을 개개의 눈들이 다른 곳에 떨어지지 않는다니 무슨 말인가? 다시 말해서 다른 곳으로 떨어지지 않는다는 말은 개개의 눈들이 본래 떨어져야 할 자리에 딱딱 맞추어서 잘 떨어지고 있다, 그래서 제대로 떨어지고 있다는 말이다. 별스런 곳으로 떨어지지 않는다는 말이다. 무언가 함정이 있을 것 같은 말투, 이것이 방 선객이 날린 일초의 검이었다.

　방거사는 이미 한소식 한 선객이다. 지금 산문 밖을 나서는 방거사는, 제대로 마음이 무엇인지도 모르면서 마음공부 한다고 온통 마음에만 사로잡혀서 모든 것이 마음이라는 듯 그렇게 수련하던 초심자가 아니었다. 밖의 경계를 온통 마음 안으로 끌어들였지만 정작 그곳에서 살아나오지 못해 헐떡거리는 하수가 아니었다. 그는 자신의 마음을 무심으로 하여 그 무심의 마음자리에서 다시 환한 세상 밖으로 마음을 확장시켜 안과 밖이 모두 툭 터져버린 경계를 이미 맛본 선객이었다. 불낙별처不落別處라, 낙처가 별스럽지 않다. 즉 별난 자리로 떨어지지 않는다는 이 말은 전에 석두스님 앞에서 지어올린 게송 중에 마지막 대구였던 "신통과 묘용이란 물 긷고 장작 나르는 일이로다"라는 의미를 벗어나지 않는다. 흰 눈이 펄펄 내리는 이 광경은 깨닫고 나서도 일상 그대로이다. 방거사의 눈에 보이는 세상변화가 바로 비로자나 부처님의 세계와 둘이 아님을 깨달았다는 또 다른 표현이기도 하다. 그러니

눈송이들이 이렇게 날려도 제대로요, 저렇게 날려도 제대로다. 특별하게 어딘가에 떨어지는 것이 아닌, 자연스럽게 펼쳐진 풍광 위에 그대로 떨어지는 것, 즉 무위無爲다. 함이 없이, 조작함이 없이 자연 그대로 떨어진다. 그러나 무불위無不爲이기도 하다. 하지 않음도 없다. 하얀 눈은 정확하게 하늘에서 땅으로 내려오기 때문이다.

그래서 이렇게 지금 하늘에서 뿌려지는 눈꽃송이들이 자신과 둘이 아닌 그런 경지의 있는 그대로를 노래하며 감탄을 연발하였던 것이다. 그러나 제 아무리 부드럽고 사랑스런 노래를 한다 할지라도 사자후獅子吼는 역시 사자의 울음소리이었기에 옆에 있던 여우나 너구리의 귀가 찢어지고 고막이 터져 나간다.

그러자 설익은 과일이 풋내가 나듯이 전全 선객이 멋도 모르고 나댔다. "그럼, 어디에 떨어지나요?" 하고 물었다. 이 하수의 질문은 불낙별처不落別處라, 별난 자리로 떨어지지 않는다는 감탄문이 아니라 차라리 '야, 허공에서 눈이 잘도 떨어지네'라는 범부의 감탄문에나 어울리는 질문이었다. '야, 허공에서 흰 눈이 잘도 떨어지네'라는 후자의 감탄문에 어울리는 '그럼 어디로 떨어지느냐'는 전 선객의 물음은 이런 뜻을 품고 있다. "방거사가 지금 밖으로 보는 그 눈들의 실체는 모두가 허망하여 실체가 없어, 그러니 넌 이 눈의 실체를 알려면 공의 세계로 들어와야 해. 색즉시공이라. 색이 곧 공이니, 눈이란 바로 공이야. 고로 아무것도 없는 데,

일체 모두가 다 텅 비었는데, 넌 도대체 무엇을 보고 눈이라고 감탄하고 있는 거니? 공부 좀 했다고 큰스님께서 칭찬하셨는데 소문도 제법 그럴 싸 하더만 정작 여기서 부딪쳐 보니 뭐 별 거 아니군!"전씨 선객 잘못 짚어도 뭘 한참을 잘못 짚으셨다. 공관空觀에 빠져버린 차별심으로 눈송이의 낙처를 물었으니, 한 경계를 넘으면 이게 다인 줄 알고 착각하여 용기 충천했으나 아직 갈 길이 멀다.

"넌 두 눈이 없냐. 새삼스레 낙처를 물어보게? 거기서 살아 나와야 한다. 고정관념에 사로잡힌 질문은 간절함에서 비롯된 것이 아니다. 자신이 공부 좀 했다고 으스대는 증상만增上慢이다."이런 방심한 틈을 그냥 넘길 방거사가 아니다. 절차탁마切磋琢磨란 언제나 부딪치면 부딪치는 대로 긁고 문지르면 닳아버리는 대로 그저 돌이 반짝이는 옥이 될 때까지 서로를 격발시켜 주는 것, 이 또한 깨달은 선객으로서의 자비요 도리다. 때론 거친 가르침도 약이 된다. 바로 주먹 한방을 날리는구나! 눈 내리는 좋은 풍광 속에 갑자기 웬 별이 다섯 개! 전씨 선객이 "거사님! 함부로 행동하지 마시오." 하였다. "이거 내 뒤에 친한 스님이 아홉 명이나 있는데, 아무리 법거래法去來라고 하지만, 뭣 좀 안다고 그렇게 마구 주먹을 날리는 거사의 태도는 무척 무례하군요!" 이런 말이다.

이에 방거사는, "당신이 그런 소견으로 선객이라 칭하니, 염노자(염라대왕)가 당신을 가만두지 않을 것이요." 하였다. 와, 이건 죽어서도 두 발조차 편하게 못 뻗을 이야기다. "네가 선禪 공부 좀 한다고 선객 흉내를 냈다만, 그렇게 질문하는 것을 보니 절 밥만 축내는 밥버러지구나! 그렇게 제대로 공부도 안 해서, 결국 깨닫지도 못해서 죽는다면 죽어서도 염라대왕이 널 절대 용서하지 않을 거야!" 이런 말이다. 그렇다고 초심자나 학인들은 이렇게 격한 가르침에 기가 죽을 필요는 없다. 깨달으면 염라대왕도 절대로 찾을 수 없기 때문이다. 무슨 말이냐 하면, 염라대왕 심판대에 설 필요가 없다는 말이다. 도대체 '나'라는 그 무엇이 있어야 죄상을 밝히든 포상을 받든 할 것이 아닌가? 이처럼 깨닫는다는 것은, 석가모니 부처님의 가르침 중에 '제행은 무상이요, 제법은 무아'라는 대목에서 무아를 깨닫는 것이기에 그런 표현이 나온 것이라는 것을 이해하기 바란다. 그래서 선가에서는 항상 아공과 법공을 타파하고 양공마저 다 타파하라고 가르친다.

전씨 선객이 다시 묻길, "그럼 거사라면 어떻게 하시겠소?" 했다. 이 말은 다시 풀어보면 이렇다. "거사님! 당신도 눈송이가 어디로 떨어지는지, 그 낙처를 모르고 있을 테지요!" 하고 마지막 노골적인 응수를 한 것이다. 한편 이 화두에 대해 『벽암록』에서 설두雪竇 선사는 방거사를 거들며 한술 더 떠서, "첫 번째 물었을 때 눈덩이를 크게 만들어 즉시 전 선객의 얼굴에 던져 오만한 콧대를 꺾어 버렸으면 좋았을 것을!"이라고 착어著語하고 있다. 법전스님께서는 말씀하시길, 경장주經藏主스님은 '거사의 기봉은 번

갯불 치듯 하는데 눈덩이를 뭉치려고 한다면 어느 시절에 되겠는가! 말하자마자 바로 조치를 취했어야 하였고, 말하자마자 바로 쳐버렸어야 끊어버릴 수 있었다."라고 하여 설두스님이 놓친 부분까지 보았다고 하셨다.

방거사는 또 다시 주먹으로 한 대 때리며 말했다. "눈으로는 보고 있으나 봉사 같고, 입으로는 말하고 있으나 벙어리 같군!" 역시 친절한 한 방이다. 다른 사람 같았으면 그냥 돌아섰을 것을, 그래도 자비의 손길을 미련 없이 내어 주신다. 전씨 선객은 아직도 자신이 누군지를 모른다. 답답한 방거사 말하길, 전씨 그대는 눈뜬 장님이요, 입 달린 벙어리라고 답답함을 호소한다. 그러나 장님이면 어떻고 벙어리면 어떤가. 깨달은 후에는 그네들의 소식이 방거사의 소식과 무엇이 다르랴! 방거사의 마지막 이 말이, 단지 전씨 선객을 탓하는 일방적인 말만이 아니라는 것을 알아야 한다.

깨달은 자도 역시 볼 수도 말할 수도 없기는 매 마찬가지다. 뜻이 있어도 드러내지 못한다는 선사의 말씀이 이를 두고 하신 말씀이다. 오죽했으면 일지선사 같은 분은 도를 묻는 자에게 평생을 말도 없이 오로지 손가락 하나만을 치켜 올렸겠는가! 굳이 말로 표현하고 싶다면 이렇게 해야 한다. "눈은 하늘에서 내려온다!" 자, 다시 잘 사유해 보자. 이 몸을 부모가 나에게 물려주기 전 나의 본래면목은 눈도, 귀도, 코도, 입도 없었다. 그러나 소소영령

한 본래면목, 나의 이 자리에는 입도, 귀도, 눈도, 코가 없어도 말하고, 듣고, 보고, 냄새 맡는다. 보조스님의 『진심직설』에는 이렇게 나와 있다. "지송스님께서 말하길, 형상이 있는 몸속에 형상 없는 몸이요, 무명의 길 위에 생멸 없는 길이다."라고 하였다. 또 영가스님은 무명의 실다운 성품이 곧 부처님의 몸이요, 허깨비 같은 빈 몸이 곧 법신이라고 하였다.

알겠는가? 그럼 이 문제를 한번 풀어보자. 벙어리가 꿈을 꾸었다. 이 꿈 꾼 소식을 꼭 누군가에게 전해야만 한다. 그러면 누구에게 이 소식을 전해야 할까? 방거사의 말처럼 '입이 있어도 벙어리 같은 게' 아니라 진리를 전하지 못하는 자는 실제가 벙어리다. 법을 전할 수 없는 무명에 싸여 있었던 벙어리가 드디어 법을 알고 난 후에 어떻게 하면 이 불법을 전할 수 있으랴? 말해 보라! 방거사 이야기가 바로 이 말이다.

벙어리 마음은 누가 알까? 벙어리 마음은 벙어리가 제일 잘 안다. 이류중행이 그렇게 시작되는 것이다. 눈높이를 맞춰야 한다. 세상을 바꾸려고 하지 말고, 세상에 나를 맞추라는 말이 바로 이 말이다. 자신은 변화되지 않으면서, 그저 항상 고정된 관념으로 세상을 바라보면서, 세상은 잘못되었고, 누구는 이런 점이 틀렸고, 아무도 자신을 도와주지 않아서 재기가 불가능하다고, 자신은 불행하다고 푸념한다. 그렇다면 당신은 정말로 벙어리다. 세상과 단절된 삶을 살아가고 있는 벙어리! 그러나 정말 벙어리는 벙어리끼리 손짓 발짓 다 해가며 자기들끼리는 얼마나 의사소통이 원활한가! 이런 벙어리는 벙어리가 아니다. 오히려 푸념하고 좌절하는 당신이 오히려 벙어리이다. 이심전심이 이를 두고 한 말이니 진리란 꼭 말로 하는 것이 아니라는 거다. 진리는 결코 말에 있지 않다.

지금 이이야기를 읽으며 수긍한다고 고개를 까딱이지 마라. 그건 그저 아는 것뿐이다. 진리를 몸소 체득하기 전에는 천리 밖이다. 진리를 지식으로 습득한다면 이것은 쉽게 말해 설사다. 잠시 헛배만 불렀을 뿐 영양분을 바로 밖으로 배출할 수밖에 없다. 체득하지 못한 지식은 소화시키지 못한 음식과도 같기 때문이다. 자, 그럼 다시 이와 비슷한 다른 문제로 사유해 보자. 낡고 허름한 의자에 귀머거리 엄마가 앉아 있다. 지나가다가 보니 나의 어머니가 참으로 위태위태하다. 금방이라도 의자 다리가 부러져서 크게 다칠 수 있는 모습이다. 어떻게 하면 이 위급한 소식을 귀머거리 엄마에게 전할 수 있을까? 잠시 책을 덮어놓고 생각해 보자.

배우가 대사 없이 몸짓과 표정만으로 내용을 전달하는 연극을 마임(mime)이라 한다. 이천오백여 년 전 바로 석가모니 부처님께서는 최초로 진리를 마임으로 표현하셨다. 많은 대중이 모인 가운데 아무 말도 없이 한 송이 연꽃을 집어 들었다. 그리고 오래도록 아무 말도 하지 않았다. 움직이지도 않았다. 모든 대중들은 한 송이 연꽃을 들고서 아무 말도 안 하고 계시는 부처님의 그 모습이 평소와 다르게 참으로 이상하고 궁금하기만 했다. 이제 무어라고 설법을 하실 시간이 지난 것 같은데 왜 아직도 말씀을 안 꺼내실까? 대중은 조금씩 술렁이기 시작했다. 그때 한편 구석에 서 있던 제자 가섭이 부처님을 보고서 빙그레 웃었다.

  뜻을 얻으면 말은 잊는 법! 그저 웃기만 했는데, 부처님께서는 모든 대중들에게 선포하셨다. "나에게는 정법안장, 열반묘심, 실상무상, 미묘법문이 있다. 이를 가섭에게 전하노라!" 그러나 까막눈들은 또 그럴지도 모른다. "에이, 제목만 이야기해 주셨네. 저렇게 어렵고 많은 것을 언제 다 가르쳐서 물려주시려나?" 앞서 말한 바와 같이 토끼를 잡으려고 흔적을 쫓아가지만 토끼를 잡고 난 후에는 흔적은 잊는다. 그래서 이심전심, 염화미소가 오랜 세월 전법의 방편으로써 근본 진리를 설하는 데 유명한 일화로 남아 있는 것이다. 그래야 눈으로 듣고, 귀로 볼 줄 아는 경지가 된다.

  자, 귀머거리에게 말을 전하는 방법을 생각해 냈는가? 간절한 눈빛, 무언가 급하다고 손사래를 치며, 발짓까지 동원해 가며 나중에는 온몸으로 몸짓하는 말의 표현, 귀머거리 엄마는 그 자리에서 벌떡 일어났다. 그래도 안 일어났다고? 바보야! 그럼 그냥 엄마 몸을 잡아 일으켜 세우렴! 이것이 바로 방거사의 한 방 주먹이요, 바로 귀로 보고 눈으로 듣는 도리! 마음에서 마음으로 전해지는 불법의 도리가 바로 이것이다.

자, 이제 말해 보라!
방거사가 말했던 소담한 눈송이들이 떨어지는 낙처落處를…
만일 당신이 낙처를 이르길, 비록 마음이라고 답할지라도
그대는 이미 30방을 면치 못하리라!

⁰⁸ 풀이 한 길이나 되다

만공선사 법좌에 올라 이르되, "『화엄경』에 이르기를 '금
강산 중향성 법기보살이 일만이천 보살로 더불어 항상 주
하여 법을 설함이라' 하니, 살피지 못하겠도다. 법기보살
이 무슨 법으로써 대중에게 보이었는가? '이때 법기보살
이 일만이천 보살을 부르니 일만이천 보살이 문득 응답하
였다. 법기보살이 이르기를 풀이 한 길이나 깊도다.' 하였
으니 대중은 또한 일러라. 만약 이 뜻을 알아 얻으면, 참학
하는 일을 마칠 수 있거니와, 만약 이 뜻을 알아 얻지 못하
였다 할진대, 눈(眼) 있는 돌사람(石人)이 눈물을 흘리리
라." 하셨다.

만공선사의 상당법어 중에 한 대목을 발췌하였다. 간단하게 정리하면, 질문의 요지는 이렇다. 어느 날 법기보살이 자신이 거느린 권속들 12,000보살을 불러서 말하길 '풀이 한 길이나 깊다.'고 설하였다. 이 법문이 무슨 뜻인지 말해보라는 선문답이다. 보통 이 선문에 대해 많은 이들이 깊은 사유 없이 어디선가 듣거나 읽은 기억으로 쉽게 '풀은 무명초다, 번뇌다'라고 치부置簿하고 만다. 선문의 사유는 궁금증으로부터 시작하므로, '왜 풀이 한 길이나 되지?' 하고 궁금증을 내야 하는데, 오래도록 절밥을 먹은 불자들은 대충 넘겨 집고 그저 귀에 자주 거론되던 불교용어나 입에서 자주 오르내리던 불교식 언어로 대충 골라서 마구잡이로 답을 던진다. 이런 사람들은 잘 살펴보면 부처님의 '부'자만 나와도 아무 생각 없이 그저 좋아한다. '부처님께서 이번에 건설할 '부'지를 매입하기 위해 '부'조금을 걷으려고 하오니 부디 '부'유한 사람은 특히 더 많이 내도록! 그러면 더 큰 '부'자 됩니다.' 하고 말하면 앞뒤 따지지도 않고 묻지도 않고 '부'자만 들어가면 정말 말을 잘 듣는다. 정작 자신의 부처는 내동댕이 쳐놓고, 겉으로는 마음공부 한다고 하면서, 속으로는 아직도 기복불교를 벗어나지 못한 상태다. 이런 기분파 종교인의 눈을 가진 신앙을 맹신이라고 한다. 그러나 선禪의 눈은 살아 있는 매의 눈매와 같음을 명심하자!

『화엄경』 보살주처품에는 "네 큰 바다 가운데도 보살들이 사는

곳이 있는데 이름은 지달로써 과거에 모든 보살들이 살았고 현재는 담무갈이라는 보살이 살면서 이천 보살을 권속으로 두고 항상 그들을 위해 설법하고 있습니다."라고 기록되어 있다. 반야계 경전에 등장하는 담무갈 보살이 바로 법기보살이다. 법기보살이 주재하는 중향성은 우리나라 금강산에 실재한다. 만폭동의 마지막 폭포인 화룡담에서 내륙 골짜기를 따라 오르면 백운대가 나오고 곧이어 1,381미터의 봉우리가 눈앞에 나타나는데 이 봉우리가 바로 중향성이다.

당나라 유학을 마치고 돌아온 의상스님은 낙산사에서 관세음보살을 친견한 후 금강산에서 법기보살을 친견하였고, 인도의 지공스님도 중국에서 법을 펴시다 고려시대 때 금강산으로 입산하여 법기보살을 친견 후 도량에 상주하였으며, 조선조 세조 역시 죽기 바로 전 년에 금강산에 올라 담무갈보살(법기보살의 이명)을 참배 후 바다를 거쳐 낙산사로 행차했다는 기록이 있다. 이 법기보살의 출현은 고려 태조 때 이뤄진 것으로 전해진다. 태조가 당시 내금강 배재령에 이르렀을 때 멀리 1만2천 봉우리를 배경으로 법기보살이 빛을 발하며 화현했다. 태조는 황급히 엎드려 절한 뒤 그 자리에 지금의 정양사를 짓도록 했다고 전해진다.

금강산은 오대산과 더불어 문수보살이 항상 머물러 법을 설한다는 화엄의 산이기도 하다. 금강산 일만이천봉은 법기보살이 거느리는 권속의 인원수와도 같다. 오대산의 문수보살이 화엄과 계

율을 상징하는 대표적 보살이라면, 금강산의 주재자로써 법기보
살은 화엄과 반야를 대표하는 보살이라 할 수 있다. 경에 이르길
법기보살은 반야에 대한 법문을 주로 설법한다고 한다. 그래서 법
기보살을 모신 전각의 이름이 반야보전이다.

　들어가기에 앞서 몇 편의 게송을 감상하며 시작해 보자.

　금강산 표훈사에 주석하셨던 원허스님(1889~1966)은 이런 시
를 남기셨다.

　세상 사람들 번다한 일 속에 파묻혀
　목숨이 줄어드는 걸 알지 못하네.
　바람 앞에 등불이 위태하구나.
　끝없는 육도 윤회에 빠져서 정처가 없다.

　또한『백유경』에는 이런 말씀이 있다.

　오늘은 이 일 하고(今日營此事)
　내일은 저 일 하며(明日造彼事)
　인간사 고인 줄도 모르고 쾌락에 빠져서 살다가(樂看不觀苦)
　언제 죽음이 닥쳤는지도 모르고 죽어가네(不覺死賊至)

　그리고 원효스님이 지으신「발심수행장」의 한 대목은 이렇다.

일이란 게 다함이 없거늘(此事無限)

세상 일 버리지 못하며(世事不捨)

이 꾀 내고 저리 모색함이 끝이 없네.(彼謀無際)

일체를 끊고서 용맹심을 내어 발심하기 어려운가!(絶心不起)

이렇게 살다 가는 것이 범부의 인생이다. 나의 도반 중에는 깊은 산속 한적한 곳에 수행을 하기 위한 집을 짓는 이가 있다. 요사채를 보면 지붕은 마치 대감이 쓰는 모자처럼 생겼는데 서까래와 기둥도 그 굵기가 예사롭지 않다. 게다가 손님이 묵을 소위 게스트 하우스를 또 따로 짓고, 음식과 기타 물품을 저장할 창고 또한 아예 별채로 짓는다고 해서 몇 년의 세월을 흘려보내고도 아직도 공사 중에 있다. 나의 스승께서 이를 보고 하시는 말씀이 "일이란 벌려 놓으면 시작만이 있지 끝이 없는 게 일이야. 공부하는 사람은 자고로 한가해야 한단다. 한가해야 공부를 할 수가 있어. 이렇게 집 짓는 데 힘을 다 써버리고 나면 나중에는 기력이 달려서 정작 수행을 하려고 할 때는 힘이 들어서 성취하기가 쉽지가 않아!" 라고 가르침을 주셨다. 수행을 하려고 큰 마음 먹고 시작한 일도 이러하거늘 하물며 일반 속가 사람들의 일이란 어떻겠는가! 영국의 유명한 극작가, 조지 버나드 쇼(George Bernard Shaw)가 남긴 묘비명에는 "우물쭈물하다가 내 이럴 줄 알았다."(I knew if I stayed around long enough, something like this would happen.)라는 후회와 자책의 글이 적혀 있다고 한다.

　이러는 동안에도 풀들은 무럭무럭 자란다. 누군가 쾌락의 늪에 빠져서 살건, 일에 파묻혀서 자신도 잃어버린 채로 살건, 잘 살겠다고 부지런하게 살건, 지겨워 못살겠다고 하건, 또한 도를 닦겠다고 하건, 하루 종일 단식을 한다고 하건, 종국에 부처를 이루었다고 할지라도, 그 무엇을 하든지 간에 풀들은 저절로 잘도 자란다. 풀이 말라 죽든 말든, 잘 자라든 말든 사실 우리가 그리 신경 쓸 바는 아니다. 풀은 풀의 생으로 살아가며 우리들 각자는 각자의 삶의 길을 가기 때문이다.

　숲에서 자라는 풀들은 누군가 길을 내지 않으면 무성하게 자라서 금세 숲을 덮어 버린다. 반면 비록 작은 토끼 한 마리가 다녀도 숲속에는 금방 길이 생긴다. 여기서 풀이 한 길이나 깊다는 말의 뜻은 인적이 드물거나 인적이 끊겨져 버렸다는 말이다. 숲속의 사람이 너무 고매하고 깨끗하여 한 점 티끌이 없다면 범부들은 접근하기가 어렵다. 너무 맑은 물엔 물고기가 없다. 학과 같이 사는 신선이 비행기 타고 오는 중생과 차 한 잔을 하며 한담을 나누겠는가? 아니면, 신선이 속가의 사람과 바둑 두는 것을 본 적이 있는가? 그러니 물고기가 지나가면 흙탕물이 일고 새가 허공을 날면 깃털이 날려야 한다. 이를 허물로 본다면 그 사람은 아직 멀었다. 흙탕물은 이내 맑은 물로 변하고 깃털은 바람에 날려 먼지가 되어 허공으로 사라진다. 그러나 만일 이 도리를 모른다면 숲속 사람은 결코 밖으로 나오면 안 된다. 깨닫지도 못했으면서 주제에 입전수수入廛垂手한다는 명분으로 세상이 가뜩이나 시끄러운데, 게다가 겁도 없이 분탕질을 쳐 놓을 것이 뻔하기 때문이다.

소통과 왕래가 없으면 길은 사라져 버리고 만다. 또한 찾고자 하는 사람이 없으면 길은 보이지 않는다. 그러나 길은 결코 사람을 버리지 않는다. 다만 사람이 길을 져버렸기에 숲속에는 그저 무성한 들풀뿐이다. 그러니 법기보法起살이 설한 바로 '풀이 한 길'이다. 중생은 원래 무엇인가를 하라고 하면 잘 안한다. 길을 찾으러 오라고, 이 길이라고 가르쳐줘도 오지 않는다. 하긴 그렇게 왔으면 중생이 아니지!

위에 언급한 것처럼 '풀이 한 길'이면 오고 가는 사람의 인적이 끊어졌다는 것이다. 세속을 벗어나 오로지 불도만 닦아 선정에 있다면 아무도 찾아오지 않아서 '풀이 한 길'이나 자라 결국 불법을 펼 수가 없다. 대통지승불이 십겁을 선정에 앉아 부동의 세월을 보냈어도 불법이 현전하지 않은 까닭이 바로 여기에 있다. 그렇다! 지금은 일만이천의 보살들이 모두 일어날 때이다. 법기보살의 이름이 지닌 뜻처럼 불법이 불같이 일어나 춤추어야 한다. 그렇게 되려면 숲에서 모두 나와야 하며, 반대로 모든 중생은 숲으로 들어가야 하는 수고를 아끼지 말아야 한다. 부처와 보살과 중생이 모두 서로 만나, 숲속 무성했던 모든 풀들은 짓밟혀 사라지고, 그곳에 큰 길이 나는 날, 금강산이 아닌 온 우주법계가 금강과 화엄의 불국토가 되도록 제불보살들이 현세로 나와 중생 구제를 위한 한바탕 춤판을 벌려야 한다. 그렇다면 어찌 이 풀들이 한 길이나 될 수 있었을까? 선방에 법기보살을 모시는 이유가 바로 여기에 있다.

그러나 법기보살님 만나러 가는 길은 아시기나 하는가?

훗날 만공스님에게 한 선객이 다시 물었다. "제가 어떻게 풀 속으로 들어갑니까?"

선사께서 답하기를 "어두운 밤길에 걷는 것은 용납하지 않으니 내일 날이 밝거든 다시 와 물어라."고 했다.

헛소리 이제 그만하고 깨닫고 오라고 하는 간곡한 부탁의 말씀이다.

나무법기보살 마하살!

⁰⁹적멸보궁은 내 콧구멍 속에 있다

☆ ☽ ☆
☆

어느 해 가야산 해인사에서 만공선사에게 가르침을 청하
는 편지가 왔다.

"시방세계가 적멸궁寂滅宮 속에 건립되었다 하는데, 그 적
멸궁은 어느 곳에 건립되었습니까?"

만공선사가 답했다.

"시방세계는 적멸궁에 건립되었으나, 적멸궁은 나의 콧구
멍 속에 있느니라."

다시 편지가 왔다.

"적멸궁은 선사의 콧구멍 속에 건립되었거니와, 선사의
콧구멍은 어느 곳에 건립되었나이까? 저희들을 그곳으로
인도해 주십시오."

만공선사가 답했다.

"일찍이 가야산엔 적멸궁만 있다더니, 오늘에 와서 다시
보니 과연 그렇구나."

화엄사상의 우주관은 상즉상입相卽相入이다. 상즉이란 「법성게」
의 다즉일多卽一이다. 예를 들어 설명하자면, 바다가 요동치며 파
도와 거품을 일으켰다. 바다는 파도와 거품으로 분별하여 나누어
지지만 물이라는 근원은 하나이다. 상입이란 법성게의 일즉일체
一卽一切이다. 예를 들어 보자. 종이는 펄프로 만들고 펄프는 나무
로 만든다. 나무는 햇빛, 물, 흙 등의 인연에 의해 성장했으며, 종
이를 만들기까지 무수한 사람의 손과 기계들을 거쳤다. 최종적으
로 만들어진 종이를 볼 때 여러 요소가 다 그 속에 들어가 있다.
이때 그 작은 개별체 안에 우주의 모든 요소가 다 들어 있음을 상
입相入이라 한다. 그러므로 이 세상은 나누어 있는 것처럼 보일지
라도 차별적이지 않고, 인간뿐만 아니라 아주 작은 미진한 것일지
라도 우주 일체를 다 섭렵하고 있으며 개개는 이미 연계되어 있
다는 것이다.

　또한 우리가 사는 이 세상은 '제법부동 본래적諸法不動 本來寂'이
라, 근본은 본래 움직이지 않고 적멸을 바탕으로 한다. 제법이 부
동不動함에 있어서 부동이란 법의 본질을 나타내는 말이다. 다시
말해서 만유萬有의 속성은 본래 적멸寂滅하다는 말이다. 일체 법

은 동動의 입장에 있으나 동動은 정靜을 바탕으로 한다. 본체가 정靜하지 않으면 현상은 절대 동動할 수 없기 때문이다. 여기서 부동不動이란 정靜을 의미한다. 따라서 일체 법法은 정靜마저 멸한 자리 적멸을 바탕으로 한다.

그러므로 첫 문장의 "시방세계가 적멸궁 속에 건립되었다."는 말은 위에서 설명한 교학적 내용을 배경으로 한 말이다. 깨닫고 난 선객들은 그저 한소식 했다고 공부를 손에서 아주 놓아버리는 게 아니다. 옛 선사들은 깨달은 후에는 불교의 교학적 가르침을 위시하여 유교와 도교 및 기타 다양한 세속적 도술에조차 능했다. 이는 근본지를 얻은 선재 동재가 후득지를 얻기 위해 떠나는 전법여행과도 같은 이야기이다. 그래야만이 이런 회통의 과정을 통해서 모든 이를 제도할 수 있는 방편을 세울 수 있기 때문이다.

본 질문으로 다시 돌아오자. 그런데 화자는 다시 묻는다. "그 적멸궁은 어느 곳에 건립되었나요?" 다시 풀어서 말하자면 '이 세상이 적멸궁 속에 있다는데, 그럼 그 적멸궁은 어디 있나요?' 하고 묻는 거다. 참은 거짓과 대치되고 공은 유에 대치되며 주는 객에 반한다. 그러나 적멸이라는 개념은 사실 대치성을 가지고 있지 않다. 적멸은 다른 말로 표현하면 중도이자 본래면목, 진여자성, 참나, 진리 등등으로 불린다.

그러나 굳이 공空과 유有의 현상적 입장으로 대치시켜 본다면

적멸의 대치는 콧구멍이다. 여기서 콧구멍이란 일체만법이요, 자연 그대로 드러난 세계, 현상계, 사물 또는 객관이다. 다시 말해서 콧구멍이란 문자 그대로 공의 정신세계가 아닌 유의 물질세계이다. 그럼 이 질문을 공유로 바꾸어 보자. "유有인 시방세계가 공空인 적멸궁 속에 건립되었다는데, 그 공인 적멸궁은 어디에 있나요?" 이런 질문이다. 사실상 절대의 개념을 지닌 적멸궁은 공과 유, 둘 중에 어디에 있느냐는 질문인 것이다.

그런데 우리가 익히 잘 아는 진공묘유眞空妙有라는 말 중에 진공眞空에 빠져 버려 그곳으로부터 헤엄쳐 나오지 못하는 선객은 절대로 이 질문에 대한 답을 할 수가 없다. 아직 절대적 적멸보궁을 부수어 버릴 능력이 없기 때문이다. 다시 말해서 반야심경의 색즉시공에서 다시 공즉시색으로 나오는 방법을 모르고 있기 때문이다. 즉, 색과 공 사이에 중도中道라는 큰 대로大路를 아직 못 찾았기 때문이다.

하여튼 그렇게 질문을 하니 만공스님께서는 "시방세계는 적멸궁에 건립되었으나, 적멸궁은 나의 콧구멍 속에 있느니라."고 답했다. 다시 간단히 이 질문을 풀어보면 "공인 적멸궁은 유인 콧구멍 속에 있다."이다. 즉, 진리란 이 세상 어디에나 다 있는 것을, 작게는 나의 콧구멍 속에도 있다는 말씀이다.

예전에 들었던, 두 종교인의 다툼 중에 나온 말이 갑자기 생각났다. '우리 아버지는 전지전능 하시다'고 하니, 타 종교인이 묻기를, '그럼 오늘 아침 내가 싼 똥 속에도 있으시냐'고 해서 상대방의 말문을 막아버렸다고 한다. 이렇게 언어가 지닌 개념은 인간의 생각 위에 군림한다. 이것을 고정관념이라고 한다. 깨닫지 못한 일반인들의 모든 분별의 잣대는 바로 이 고정관념, 즉 선입견이 우선한다. 그래서 차별심을 버려라, 분별하지 마라는 주문을 하며 결국은 나를 놓아버리라는 수행을 권하는 이유가 여기에 있다. 만일 이조차도 수긍할 수 없어서 수행이 불가능하다면 먼저 교학으로 유식학을 권한다. 마음의 구조와 변화를 아주 잘 설명하고 있는 것이 바로 유식학이다.

이렇듯이 특히 신성神性에 대한 절대적 개념들은 아무리 이성적으로 객관화하려고 노력한다 할지라도 쉽게 놓아지지가 않는다. 그것을 모를 리 없는 선사께서 콧구멍 속으로 파고 드셨다. 적멸보궁을 당신의 콧구멍 속으로 넣어버리신 것이다. 콧구멍 속에 감추어진 적멸보궁! 그렇게 삼천대천세계를 콧구멍 속에 다 넣으셨으니 시대를 주름잡던 선사요, 만고에 빛나는 역대 스승들과 그 자리를 같이 하셨다.

그러나 가야산의 화자인 선객도 만만치는 않다. 제 아무리 만공선사께서 감추기를 잘한다고 하여도 콧구멍 속의 적멸궁을 못 찾아낼 선객이 아니다. 이미 가야산 선객은 적멸보궁 속에 앉아서 선에 깊이 들어간 선인이다. 진흙을 던지면 진흙을 따라서 쫓아가는 개가 아니라 진흙을 던진 사람을 바로 물어버리는 사자였던 것이다.

그런 화자가 목줄을 놓아주지 않고 더욱 거세게 조여들어가며 다시 묻는다. "적멸궁은 만공선사의 콧구멍 속에 건립되었거니와, 선사의 콧구멍은 어느 곳에 건립되었나이까? 저희들을 그곳으로 인도해 주십시오." 이젠 정말 이판사판이다. 선사의 콧구멍 속에 적멸보궁이 들어가 있다면, 가야산의 선객들 모두는 오늘 당신의 콧구멍 속으로 들어가려 하니 가이드 좀 해달라고 어깃장을 치는 반격이다. 통쾌한 한 수로세! 눈 밝은 명사를 만나셨으니 오늘은 흰 돌을 던져도 될 듯 싶다. 기분 좋은 패배다. 월척을 건져 올린 선사의 휘파람 소리가 예까지 들려온다.

"일찍이 가야산엔 적멸궁만 있다더니, 오늘에 와서 다시 보니 과연 그렇구나!"

¹⁰풀 한 줄기로 지은 절

만공스님이 효봉스님에게 물었다.

"부처님께서 대중과 함께 길을 지나가시다가 한 곳을 가리키며 '여기에다 절을 지었으면 좋겠다' 하니 제석帝釋이 풀 한 줄기를 땅에 꽂으며 '절을 다 지어 놓았습니다.'라고 했다. 그러자 부처님이 미소를 지었다 하는데, 그 뜻이 무엇인가?"

이에 효봉스님이 답하길,

"스님은 참으로 절 짓기를 좋아하십니다."

이 말에 만공스님은 한바탕 웃었다.

석가모니 부처님도 부처가 되기 전에는 무수한 윤회의 수레바퀴에 깔려 여러 모습으로 세상에 나왔었다. 이를 설한 경전이 『본생경』이다. 동물과 사람 사이를 오고가며 윤회를 거듭하는 석가의 모습은 부처님의 일대기가 아니라 바로 지금 이 글을 읽고 있는 당신의 모습을 그리고 있는 것이다. 이것은 부처와 내가 둘이 아니기 때문이다. 부처라는 개념은 막연히 나타나 있는 객체로써 또는 우상으로써의 모습이 아니라 바로 깨달은 자, 각자覺者를 부를 때에 호칭일 뿐이다. 사실 깨달은 자에 대한 표현은 어떻게 할 수가 없다. 그저 부르려고 하자니 부처요, 하나님이요, 알라인 것이다. 말 밖에 진리가 있다! 이『본생경』은『이솝 이야기』같은 우화로써 아주 재미있게 표현되어 있는데, B.C 3세기 이전부터 성립되기 시작하여 심지어 기독교 신약성경에 많은 영향을 끼쳤다고 학자들은 추측하고 있다. 이 선문답은 출처가『본생경』으로부터 나온 것이다. 그 내용은 이렇다.

세존께서 대중과 함께 길을 가시다가 한 조각 땅을 가리키며 말씀하셨다.
"이 땅에는 절을 지을 만하다."
제석천이 풀 한 포기를 가져다 땅에 꽂으며 이렇게 말하였다.
"절을 다 지었습니다."
그러자 세존께서 빙그레 웃으셨다.

앞서 호설편편불락별처好雪片片不落別處, '눈송이들은 어디로 떨

어지나' 화두에 대한 설명 중 첫 대목을 기억하시는가? 다시 기억을 더듬어 보자.

법당에서 두 눈을 감고 좌선 중이던 유엄선사가 갑자기 벌떡 일어나더니 마치 불이라도 난 듯이 고함을 질러댔다. "법당이 무너진다. 법당이 무너져!" 주위에 있던 스님들이 깜짝 놀라 자리에서 벌떡 일어나 기둥을 꼭 붙들고 또 어떤 이들은 버팀목을 찾으러 이리저리 뛰어다녔다. 이를 지켜보던 선사는 손을 내저으며 말했다. "그대들은 나의 뜻을 모른다."면서 허둥대는 모습에 선사는 웃기 시작했다. 그렇게 웃음을 터트리더니 갑자기 뚝 그쳤다. 그리고 숨을 거두었다. 마지막 가는 길에서조차 제자들에게 깨우침을 주려고 소리치셨던 '법당이 무너진다'는 것은 허망한 육신일지라도, 이렇게 죽어 썩어 흩어질 사대라 할지라도 부처님을 모시는 몸이라면 바로 이 몸이 법당이라는 가르침이셨다.

눈치 채셨는가? 태양 아래 말라가는 허망한 이 사대육신이 풀잎과도 같구나! 지·수·화·풍 사대로 구성된 이 몸은 인연으로 왔다가 그 업이 다 되면 이내 생명을 놓아버리고 다시 윤회의 쳇바퀴 속으로 들어가 버린다. 『금강경』의 가르침처럼 아상, 인상, 중생상, 수자상을 놓지 못하는 중생의 모습은 이렇게 비참하다. 그러나 이 순간 몰록 깨달으면 그 중생이 부처요, 허망한 사대로 구성된 훌륭한 법당이 되며, 심지어 그 법당에 영험함이 깃들어 온갖 중생을 다 제도하기에 이른다는 말씀이다. 법회가 시작되기 전 항상 하는 사홍서원四弘誓願이 바로 이것이다. 보살의 네 가지 큰 서원은 '중생무변서원도衆生無邊誓願度, 즉 일체 중생을 다 제도하겠다는 서원이고, 번뇌무진서원단煩惱無盡誓願斷, 다함이 없는 많은 번뇌를 끊겠다는 서원이며, 법문무량서원학法門無量誓願學, 무량한 부처님의 가르침을 모두 배우겠다는 서원이다. 마지막으로 불도무상서원성佛道無上誓願成은 부처님의 깨달음인 무상정등각無上正等覺을 깨달아 성불하겠다는 서원이다. 가끔 보면 불도를 닦아 성불하겠다고 하는데, 도는 이미 다 갖추어져 있기에 닦는 것이 아님을 알아야 한다. 닦아야 할 것은 도가 아니라 정定인 것을 알아야 한다.

사홍서원을 가만히 생각해보면, 이 서원은 누군가에게 심지어 부처님에게조차 무엇을 해달라는 말이 아니라 '내가 스스로 하겠습니다'라는 표현으로 구성되어 있다. 이렇게 스스로 자신이 행할 때 부처님과 제보살 그리고 모든 호법신장들이 나서서 도움을 주는 것이지, 그저 무엇인가를 바라고 달라고 아우성쳐서는 절대로 도움의 손길을 펼쳐줄 수가 없다. 불교는 그래서 자력과 타력이 동시에 공존하는 종교인 것이다. 이럴 때 바로 스스로 삼불을 다 갖춘 법신이자 보신이요, 보신이자 화신인 중생의 올곧은 모습으로 변화되는 것이다. 기공을 하고 차력을 하고 타좌를 하고 참선을 하며 염불을 하고 삼천배를 해서 부처를 이루는 것이 아니라, 이러한 수행의 방편을 통해 먼저 몰록 깨달아 자신이 부처임을 알고 이를 잘 보림하여 살펴 나아가는 것이 바로 성불의 지름길이다. 아울러 깨달은 부처가 많은 절이 크고 번창하는 것이지, 중생이 득시글거리는 사찰이 크고 훌륭한 것이 아님을 알아야 한다. 욕망이 이글거리는 종교 지도자들은 깨달은 부처나 예수의 십자가를 대속할 제자가 나오는 것을 그리 반기지 않는다. 깨달은 자는 자신도 모르게 발광하는 지혜광명으로 변신하였기 때문에, 그런 종교지도자들의 허물을 벌거벗은 모습 그대로 만천하에 드러나게 하기 때문이다.

그럼, 보림保任이란 무엇인가? 깨달은 자와 깨닫지 못한 중생과는 다른 점이 있다. 다른 점은 깨달은 그 마음을 잘 보호하느냐 아니면 순간 유혹에 못 이겨서 그르치느냐에 달려 있다. 항상 깨어 있으라는 말씀이 이를 두고 한 말이다. 지속적으로 깨어 있는 것을 익히다 보면 언젠가는 나도 모르게 어엿한 또 한 분의 부처님을 탄생시킨 불모佛母가 되어 있을 것이다.

나무칠구지불모대준제보살!

세존께서 대중과 함께 길을 가시다가 한 조각 땅을 가리키며 말씀하셨다. "이 땅에는 절을 지을 만하다."

어떤 곳에 절을 짓고 어떤 곳에 화장실을 짓는가? 화장실과 절이 둘이 아니다. 마땅한 곳에 절을 짓고 적당한 곳에 화장실을 짓는다. 그럼 마땅하고 적당함은 어디서 나오는가? 세 살짜리 코흘리개도 다 아는 이야기가 아닌가! 그것이 바로 깨달음이요, 부처다. 세존께서는 항상 주변의 이야기로부터 시작하신다. 멀고 먼 환상으로부터 펼쳐지는 황당무계한 이야기가 아니라 우리 주변에서 흔히 일어나는 평범함 속에서 가르침을 주신다. 그러나 허상도 실상을 바탕으로 한다.

그러자 제석帝釋이 풀 한줄기를 땅에 꽂으며 '절을 다 지어 놓았습니다.'라고 했다.

역시 제석도 제석의 자리에 오를 만하다. 이 정도는 되어야지, 무어라고 말하면 그저 눈 뜬 장님처럼 눈만 끔벅이고 있다면 이는 바른 선객이 아니다. 목숨이 왔다 갔다 하는 급박한 상황에서 어디서 들은 것은 있다고 '나중에 죽을 때 누가 편히 죽는가' 하는 식으로 두고 보자는 명청한 독설에 가까운 말은 자신의 수행에 전혀 도움이 되지 않는다. 서서 죽으나 앉아 죽으나 괴로워하며 죽으나 편히 죽으나 무엇이 상관할 바인가? 그것을 보고 판단하는 자신에게 문제가 있는 것이지 상대의 도력을 판단하는 그 눈동자는 이미 도의 문 밖에서 한참이나 먼 행태이다. 그런 사람은 스승의 가르침에 마음을 담은 것이 아니라 스승의 모습에, 상에 사로잡혀 있었다는 말이다. 이런 학인들이 무수하다, 무수해! 종교가 비대해지고 신도들은 비참하게 말라가는 것이 다 이런 이유다.

또한 이것은 현재를 포기하는 말이다. 지금 이 순간 충실하지 않는다면 그의 미래도 역시 불성실하여 아무것도 이루지 못한다는 말이다. 제석처럼 가르침을 받은 이 순간에 한 생각 불현듯 일어났다면 바로 실행에 옮겨야 한다. 멍청하게 이 풀을 뽑아 저리로 옮길까요? 그런 식으로 세상을 살면 안 된다. 남에게 묻는 것처럼 어리석은 행동은 없다. 그러나 여기에서 주의할 점은 반대로 꼭 물으라는 것이다. 무슨 말인가 하면, 알고서 물으라는 말이다. 알고서 높은 사람이나 낮은 사람 모두에게 물어야 한다. 이것이 바로 현명한 자의 처세술이다. 사장은 그런 부하직원을 살펴볼 줄 알아야 진정한 사장이다. 그래야 손발이, 호흡이 척척 잘 맞아 회사를 키우게 되는 것이다. 석가에 가섭이 없었다면 어찌 그 마음을 전할 수가 있었겠으며, 석가에 또한 아난다가 없었다면 어찌 오늘날 이 경전을 펼칠 수가 있었겠는가! 나무석가모니불!

나무란 되돌린다, 다시 돌아간다는 말이다. 본래 그 마음자리로 돌아가겠다는 염원과 이미 깨달은 자의 말이다. 본래면목, 진여, 진리에게로 회귀하겠다는 간절한 염원이 담겨져 있는 말이 바로 '나무'이다. '나무관세음보살' 하고 염했다면 이는 나의 본 성품에 잠자고 있는 대자비심을 일으켜 세우겠다는 주문이다. '나무석가모니불' 하고 말했다면, 이제 나는 잃어버렸던 나의 본 성품을 찾아 잘 간직하겠으며, 아울러 잘 간직하고 호념하고 있다는 자내증自內證과 같은 의미이다. 이렇게 오래 전 스승들께서 가르쳐주신 '나무'라는 이 말은 이 세상에서 가장 성스럽고 감사한 언어임을 절대 잊어서는 안 된다.

그래서 효봉스님이 답하길, "스님은 참으로 절 짓기를 좋아하십니다."라고 말씀하신 것이다.

그럼, 선사가 절을 짓지 누가 절을 짓겠는가? 광대한 사찰이 아니라 부처 한 분 배출해 내는 것이 바로 대불사요, 이것이 바로 절을 짓는다는 말씀이다.

"암자를 불사르다

옛날 어떤 노파가 한 암주를 공양했는데, 20년이 지나도록 한결같이 여자에게 밥을 보내어 시봉하게 하였다.

어느 날 여자를 시켜 암주를 끌어안고 "바로 이러한 때에는 어떠합니까?"라고 묻게 하였다. 그렇게 하자 암주가 말하였다.

"마른 나무가 찬 바위를 의지하니 삼동에 따뜻한 기운이 없구나."

여자가 돌아가 노파에게 그대로 전하니, 노파가 "내가 20년 동안 속인 놈을 공양하였구나!" 하고 암주를 쫓아내고 암자를 불태워 버렸다.

"여자를 시켜 암주를 끌어안고 '바로 이러한 때에는 어떠합니까?'라고 묻게 하였다."

독자같으면 어찌했을까요?

남녀의 운우지정雲雨之情을 노래한 정선아리랑 가사 중에는 이런 내용이 나온다.

"저 산에 딱따구리는 생나무 구멍도 잘 뚫는데
우리 집 멍텅구리는 뚫린 구멍도 못 찾네."

수덕사 만공스님은 법회에서 이 노래가 끝나자 "오늘 법문은 이것으로 대신하겠소. 이 세상 모든 것은 다 법문이오. 마음이 깨끗하고 밝은 사람은 이 노래에 담긴 뜻을 깨우쳐 오늘의 법문으로 제대로 알아들을 수 있겠지만, 마음이 더러운 사람은 추잡한 잡념이 먼저 떠올라 그저 노래만 듣고 갈 것입니다." 하고는 법회를 마쳤다고 한다. 밖으로 드러난 노래가사를 속인이 듣는다면 잠자리에서 남편의 무능함을 아내가 탓하는 것처럼 보이겠지만, 수행자의 입장에서는 그렇게 간절히 찾아 헤매도 아직까지 한소식도 얻지 못한 안타까움을 노래한 것이기도 하다. 여기서 구멍이란 진여불성이요, 자신의 본래면목을 빗댄 말이기 때문이다.

가끔 나의 스승께서도 아공과 법공 양공을 다 타파하는 것을 다른 말로 묘사하시길 "밑둥이 뻥 하고 시원하게 뚫려야 한다."고 말씀하시곤 했다. 훗날 나는 이것의 구멍이 얼마나 큰 것인지 짐작하건대, 안과 밖이 툭 터져서 그 가장자리의 경계가 없는 어마무지한 큰 구멍 하나를 만들라는 말씀인지를 깨달았다. 물론 이 표현 자체에도 얼마나 많은 모순을 담고 있는지는 알겠지만 지금은 이렇게밖에 표현할 길이 없다. 스님들이 그려주시는 선화禪畵 중에 일원상一圓相 또한 이러한 의미를 내포하고 있으리라.

20년을 수행한 스님이 드디어 입을 열었다.

"마른 나무가 찬 바위를 의지하니 삼동에 따뜻한 기운이 없구나."

여기서 마른 나무는 스님에게 안긴 여자를 뜻하고 찬 바위는 스님이다. 비록 여인을 품에 안고 있어도 아무런 욕망의 감정이 요동치지 않는다는 말이다. 지적한 '마른 나무'는 여인의 몸무게가 가벼웠었는지, 아니면 그녀 역시 이미 노파의 주문을 받아 그저 형식적으로 스님에게 안긴, 이미 작위성을 지녔다는 의미였는지는 모르겠다. 말랐다는 말은 이미 '건성'이라는 뜻을 내포하고 있기 때문이다. 건성이란 마음을 다하여 하지 않는다는 말이다. 진심이 아니었다는 말이다. 그러나 이 대목을 이렇게 말머리와 말꼬리를 물어서 찾아가기에는 암주를 쫓아내고 불사르는 노파의 행동이 너무나도 충격적이고 파격적이다.

여자가 돌아가 노파에게 그대로 전하니, 노파가 "내가 20년 동안 속인 놈을 공양하였구나!" 하고 암주를 쫓아내고 암자를 불태

워 버렸다. 밖으로 모든 경계에 끄달리지 않는 무생법인의 경지에 오른 수좌를 칭찬하지는 못할망정 노파는 암자를 불질러 버렸다. 여기서 무생법인이란 눈앞에 나타난 대상이나 경계에 대하여 작위적으로 참아내고 인내하는 마음가짐이 아니라, 비록 어떤 대상이나 어떠한 경계가 눈앞에 펼쳐지더라도 참고 인내할 마음이 전혀 일어나지 않는 무심한 마음을 일컫는다. 그렇다면 도대체 뭐라고 말했으면 암자를 불태우지 않았을까? 아니면 20년이란 세월이 흘러서 원래 이래도 흥, 저래도 흥 하며 아주 작정을 하고 나선 노망이 난 노파가 되어 버렸단 말인가? 아, 20년이나 스님을 공양하여 공덕을 쌓음이 여기서 물거품이란 말인가!

그런데 노파는 정작 스님을 구체적으로 '속한俗漢'라고 지칭하며 암자를 불살랐다. 속한이란 속된 사람, 세속에 찌든 사람이란 말이다. 속한! 정작 노파가 말한 속한이란 무슨 뜻일까? 앞서 소개한 멍텅구리의 노래처럼 "마른 나무가 찬 바위를 의지하니 삼동에 따뜻한 기운이 없구나."가 아니라 "좋구나, 좋아. 그대의 부드러움을 어찌 부드럽지 않다고 할 수 있으며, 그대의 체온을 봄햇살 같다고 어찌 말하지 못하리요. 그것이 아니라면 난 목석일진데…"라고 했어야 하나? 그렇게 말했어야 겉으로 드러난 노파의 의중으로는 속한이 아니라는 말인데… 스님이 처음 말한 바대로라면 이렇게 말했어야 암자가 불타지 않았을 텐데, 왜 그렇게 반듯하게 대답한 스님을 속한이라 했을까? 참으로 난감하기 짝이 없구나! 그렇다고 우리의 정서처럼 한여름에 뜨거운 국물을 들이마시며 '아, 시원하다!'라고 표현하는 반어적 표현의 기법을 그 옛날 중국 스님과 할머니에게 적용하기에는 조금은 무리수가 따르지 않을까?

칼을 숫돌에 갈아 날을 세운다. 칼을 갈면 갈수록 칼의 날이 예리하게 선다. 드디어 얇은 종이마저도 베어낼 수 있을 정도로 예리함을 자랑한다. 그러면 그럴수록 숫돌은 그만큼 닳아 있었다. 예리할수록 얇아져만 가는 숫돌! 여기서 숫돌은 그저 알음알이다. 다시 말해서 숫돌이란 추측하고 분별 잘하는 지식과 학식의 수준이다. 예리한 칼은 소위 총명함이다. 총명한 그 지식도 다 써버리고 나면 고갈이 되어 나중에는 밑바닥이 금새 드러나고 만다. 총명을 드러내는 우월감이나 자랑은 결코 자리이타自利利他가 아니다. 자신만을 내세우고 있다는 것은 교만함이고 아상我相이다. 남에게 하는 충고가 겉으로는 좋은 말이고 덕담을 포장하고 있어도 상대에게 잘 안 먹히는 경우가, 자신도 모르는 사이에 바로 이런 속내를 간직하고 있었기 때문이다. 이렇듯 깨달음 속에 자비가 넘쳐나지 않는다면 속한과 다를 바가 없다.

20년 수행자가 "마른 나무가 찬 바위를 의지하니 삼동에 따뜻한 기운이 없구나." 했어도 결국 "내가 20년 동안 속인 놈을 공양하였구나!" 하고 노파는 말했다. 겉으로 한 말을 선택할지, 속내를 선택할지, 겉과 속을 모두 벗어난 뜻을 선택할지 그 어느 쪽을 인정할 것인가는 사유자의 몫이다. 어떤 이는 이를 부정에 부정을 더했으니 이는 강력한 긍정이 아니겠는가 하며 옛 암두와 덕산의 공안을 들고 나왔지만, 그럼 아주 흔하디흔한 이 게송을 참구해 보자.

"산은 산이요 물은 물이다.
산은 산이 아니요 물은 물이 아니다.
그러나 산은 산이요 물은 물이로다!"

첫 번째 산과 물은 깨닫기 전에 중생심으로 보는 산과 물이다. 물론 그 산과 물이 더럽고 추하고 이상한 산과 물을 뜻하는 것은 아니다. 중생심으로 보는 사물은 단지 자신이 규정하는 고정관념으로 들어다 보는 산과 물이라는 것이다. 드러난 그대로의 실체가 아닌 자신이 생각하고 있는 산과 물이라는 것이다. 두 번째 산과 물은 일단 부정의 대상이다. 공부 좀 했다는 거다. 즉, 막 깨닫기 시작해서 고정된 것을 변화하는 것으로, 눈앞에 보이는 것을 실체가 없는 것으로, 영원할 것 같은 것을 허망한 것으로, 즉 유를 무로, 유를 공으로 보는 이 또한 극단의 편견이다. 그러나 이것은 거짓으로부터 벗어나기 위한 간절한 몸부림이며 깨달음으로 가는 과정에 있는 수행자의 모습이기도 하다. 마지막으로 유와 무를 놓아버리고 공과 유를 버리면서 나와 남이 없는 주객을 벗어난 자리에서 하는 깨달음의 말도 '산은 산이요, 물은 물이다.'라는 말이다. 그러나 엄격히 말해서 한 단어를 다른 의미로써 두 번 사용하면서 이것은 다른 뜻이라고 말하기에는 이미 모순이 서려 있다. 그래서 나의 스승께서는 이런 관점에 대하여 '사무치는 모순'이라고 표현하셨다.

그렇다면 여인이 수행자를 유혹했던 질문에 대하여 "마른 나무가 찬 바위를 의지하니 삼동에 따뜻한 기운이 없구나."가 맞는 표현인가? 이것은 소승의 깨달음이며 여기에는 자비심의 노래가 없다. 소승의 노래를 절대 무시한다는 뜻은 아니다. 대승으로 가는 길은 꼭 소승의 길을 거쳐야만 하기 때문이다. 그렇다고 대승의 길만이 꼭 위대하다는 것은 아니다. 대승으로 가는 바른 길이 바로 소승의 길이기 때문이다.

눈앞에 펼쳐진 법을 외면한 채 '따뜻한 기운이 없는' 오직 정결한 마음만을 지키겠다는 그 마음은 또 무엇인가? 이것은 마치 방하착하라고 주문했을 때 이미 한 물건도 가져오지 않았다고 우기는 것과 같다. 선사는 다시 한 물건도 가져오지 않았다는 그 생각조차 내려놓은 자리에서 나온 말이라야 된다는 것이다. 쓰고 나면 바로 칼을 거두어들여 티끌 한 점이 없게 해야 하는데, 살인검은 쓸 줄 알지만 활인검은 아직 쓸 줄 모르는구나! 부드러운 것을 거칠다 말할 수 없으며 따뜻한 것을 추운 것이라 말해서는 안 된다.

자비慈悲란 말의 '자慈'자는 중생을 사랑하는 마음으로서 타인을 즐겁게 해 준다는 말이며, '비悲'는 중생을 불쌍하게 생각하는 마음으로서 타인의 괴로움을 덜어준다는 뜻이다. 그러나 여기서는 자비를 베풀고 말고 할 것도 없다. 이미 스님이 말한 것처럼 '마른 나무'라는 표현은 이미 의도적인 접근임을 간파한 것이다. 그래서 더욱 스님의 소감은 바로 노파에게 직접 말을 한 것과 같다.

이제 바로 질러 가보자. "마른 나무가 찬 바위를 의지하니 삼동에 따뜻한 기운이 없구나." 했어도 결국 "내가 20년 동안 속인 놈을 공양하였구나!" 하고 노파는 암주를 쫓아내고 암자를 불태워 버렸다. 그럼 암자를 불태워 버리는 그 행위는 수행의 완성을 인정한다는 의미인가? 성철스님은 그런 방화를 수행의 완성으로 해석했지만, 혜암스님은 결코 이를 용납하지 않았다. 혜암스님은 이 공안에 대해 거론하시며 새의 깃털, 흙탕물을 일으킨 물고기를 운운했다. 이는 체성에 있어서는 고요하지만 용에 가서는 활발함을 알기에 이 20년 수행자의 게송을 인정할 수 없다는 이야기다. 종래 깃털은 사라지고 물은 다시 맑아지는 도리를 모르고 있다고 지적하고 있는 것이다.

확장해서 말하자면, 『법화경』화성유품에 나오는 깨달은 대통지승불조차도 십겁을 부동하여 선정에 들어 있었건만 현전에 불법이 나타나지 않은 것을 비유하는 말이기도 하다. 이 스님은 성공연기性空緣起의 깊은 도리를 아직 체득하지 못했다는 이야기다.

영흥스님은 수덕사 조실 혜암스님에게 이 공안에 대해 답하길 "시자야! 동풍을 펼쳐 온 세상을 자유롭게 하고, 서풍을 거두어 온 세상을 평화롭게 하거라." 하였다. 자비의 말씀이다! 여기서 나오는 속인, 속한이란 표현은 수행자의 견처가 그저 그렇다, 신통치 않다는 말이다. "마른 나무가 찬 바위를 의지하니 삼동에 따뜻한 기운이 없구나."라는 표현은 남이 먹다 남은 식은 찬밥덩이를 목구멍에 쳐 넣는 것과 무엇이 다른가? 노파의 눈이 매섭다.

우연한 기회에 육성법문을 들을 수 있었던, 이미 열반하신 법정스님은 이 화두에 대해서 "나라면 '그동안 수고했다'라면서 등을 토닥여 주었을런지 몰라."라고 답해 주셨다. 사교계 파티장에 손님 접대로 나온 고급안주들은 언제나 맛이 있고 화려하다. 그러나 역시 새는 하늘을 날아가고 물고기는 물속을 헤엄친다!

"마른 나무가 찬 바위를 의지하니 삼동에 따뜻한 기운이 없구나."는 20년을 공부한 스님이 얻은 무생법인의 경계를 말하는 듯하지만 이 경지에 진정 다다랐다면 그렇게 표현할 말은 아니다. 익은 것은 설게 하고, 설익은 것은 익힌다는 말이 있다. 중물 10년 들었으면 다시 10년은 중물을 빼야 한다는 말과 같이 깨달은 자는 자신이 깨달았다고 결코 말하지 않는다. 평범 속에 비범함이 있고, 비범 속에 평범함이 있다. 입을 열면 개구지착開口之錯이라, 이미 그르치고 만다.

또 어떤 이는 말하길, 암두스님이 덕산스님의 상수제자이지만 항상 뒤에서 욕을 하는 듯 "우리 스님은 아무것도 모른다."고 말하고 다녔다고 한다. 물론 이때 아무것도 모른다는 말은 분별심이 사라진 청정무위의 본래면목을 드러내는 말이다. 그러나 이것으로 추측하여 노파와 스님의 법거래를 같은 수준으로 끌어 올린다면 조금은 무리가 있지 않을까? 그런 해석이 가끔은 막행막식을 하는 스님들을 배출하는 데 한 몫을 하고 있다. 물론 종교적 도덕성은 일반 세속의 도덕과 그 잣대가 확연히 다른 점은 인정하지만, 구더기 무서워서 장을 못 담구는 것이 아니라 구더기의 병균으로 인해 훗날 학인들이 배탈이 나서 공부하는 데 방해가 되는 것을 우려하는 노파심에서 하는 말이다. 그러니 눈 밝은 노파를 단순 방화범으로 몰아가서는 안 될 일이다. 눈 밝은 노파를 탓하지 마라. 그렇다고 스님이 암자 잃음을 어찌 서운타고 하리요.

끝으로 일본의 어느 선사 이야기다. 일본 동해사에 머물고 있던 다쿠앙(택암선사澤庵禪師)이라는 선사가 있었다. 근데 다쿠앙이라는 말 어디서 많이 들어본 소리 아닌가? 맞다. 중국집에 가면 노란 단무지(닥꽝!)가 바로 이 분이 만드신 거다. 하여튼 본론으로 가서, 평소 이 스님을 시험하려고 벼르던 젊은 청년이 어느 날 하루는 족자 그림에 찬을 부탁한다며 다쿠앙선사에게 건넸다. 그림을 펴 보니 창녀의 나체화였다. 선사는 '나도 이런 미인과 살아보았으면 좋겠다'며 게송을 짓기 시작했다. 성속聖俗에 떨어지지 않은 그의 시를 음미해 보자.

부처는 진리를 팔고 조사는 부처를 팔고 말세 중생은 조사를 파
는데
그대는 오척의 몸을 팔아 일체 중생의 번뇌를 편안케 하는구나
색즉시공 공즉시색이니 버들은 푸르고 꽃은 붉도다
밤마다 물위로 달이 지나가지만 마음도 머무르지 않고 그림자
도 남기지 않네
과거에 집착하지도 말고 미래를 걱정하지도 마라
앞과 뒤 모두 끊어버리고 오직 현재심만 홀로 드러나게 하라
머물지 않는 마음이 곧 현재심이니 현재의 이 마음 샘물같이 솟
아오르리

¹²성역을 부수다

혜림사에 도착한 대사는 때마침 큰 추위를 만났다. 대사가 나무로 만든 불상을 패서 불을 지피니 사람들이 비난하였다. 이에 대사가 말하기를, "나는 불상을 태워서 사리를 얻으려고 하였다." 그 사람이 말하길, "나무 불상에 어찌 사리가 있겠는가?" 대사가 말했다. "그렇다면 어찌 나를 꾸짖는가?"

여기서 나오는 대사는 앞서 소개했던 방거사의 친구인 단하선사이다. 단하선사는 혜림사에 도착해서 하루 묵으려고 방을 얻어 잠을 청했다. 겨울이라서 추위는 당연했으나 그래도 무슨 놈의 날씨가 이리도 추운지 방안에 누워 있으면 위턱과 아래턱이 몇 년을 못 만나서 그간 그리웠던 이별의 한을 풀고자 하는 것처럼 서로

부딪치는 횟수가 보통이 아니었고, 입에서는 허연 입김이 마구 쏟아져 나올 정도였다. 그러는 동안 단하는 문득 생각하길, '혜림사 원주는 골방에서 묵으라고 방을 내주었건만 아무리 절 살림이 궁하기로서니 참으로 매정하기 짝이 없는 자로구나. 부처님을 모시는 자로써 이리 눈꼽만큼의 자비도 베풀지 않으니 오늘 내가 손을 좀 봐줘야겠군!' 하였다.

단하는 그 길로 바로 대웅전으로 갔다. 마침 눈앞에는 단아하게 나무로 깎아 만든 불상이 다소곳하게 앉아 있었다. 단하는 거침없이 불단으로 올라가 목불을 들고 나와 자신이 묵고 있는 방의 아궁이 앞에서 목불을 장작 패듯 쪼개 아궁이에 불을 지피기 시작했다. 이에 원주가 쿵쿵거리는 소리에 놀라 잠이 깨서 나와 보니 대웅전에 있던 목불이 장작더미처럼 산산이 쪼개져 아궁이에 불쏘시개로 쓰이고 있는 것이 아닌가! 다리가 후들거리고 힘이 풀려서 그 자리에 주저앉은 원주는 어이도 없었지만 한편 이 스님의 짓거리가 하도 분하여 홀연히 분기탱천憤氣撑天하여 땡초스님에게 한 마디 내뱉었다.

"이 보시오, 당신 지금 무슨 짓을 하는 거요! 어찌 신령스런 부처님의 상을 감히 아궁이에 불쏘시개로 쓴단 말이요! 이러고도 당신이 진정 부처님의 제자라고 말할 수 있겠소?"

뒷덜미에서 아궁이 불보다 더 뜨겁고 매섭게 날아오는 독설에도 단하는 뒤도 돌아보지 않은 채 아궁이에 불을 더욱 지피며 이

렇게 말했다. "나는 지금 불상을 태워서 사리를 얻으려고 하고 있소이다!" 그러면서 단하는 마치 불길 속에서 부처님의 사리라도 얻으려는 양 타오르는 불길 속으로 막대기를 마구 휘저었다. 이런 한심한 장면을 보던 원주는 이 자의 꼬라지가 더욱 한심하고 어이가 없어서 뒤통수에 대고 이렇게 말하였다.

"당신 참 한심한 자로군! 어찌 나무로 깎아 만든 불상에서 사리가 나올 수 있단 말이요? 당신 지금 제정신이오?" 이 말이 떨어지기가 무섭게 뒤돌아 원주를 쳐다보며 단하는 단호하게 한 마디 말로 쏘아붙였다. "그렇다면 원주스님께서는 왜 나보고 아까 신령스런 부처님을 운운하며 나를 질책하였소?" 자승자박된 원주는 결국 꿀 먹은 벙어리가 되고 말았다.

언젠가 춘천에 계시는 비구니 스님을 동생과 같이 만나 적이 있었는데, 타종교인인 동생이 부처님 상에 절하는 것은 우상숭배라는 선입견을 가지고 스님께 묻길, "왜 부처님 상에 절을 하나요?" 하니 스님께서 답하시길 "자신에게 절하는 겁니다. 자신이 평소 성聖스럽다는 것을 깨닫지 못해서 대신 부처님 상에 대고 절하게 시키는 거지요. 그러면 당신 자신이 성스럽다는 것을 새삼 느낄 겁니다."라고 하셨다. 이처럼 절을 하는 행위는 바다의 수면을 걷는 일이요, 자신의 성스러움을 깨닫는 일은 바다 밑바닥을 동시에 걸어가는 행위이다. 이 두 가지를 동시에 깨우침은 법성法性, 즉 비로자나 부처님 세계에 일체가 다 포섭되어 있다는 확연한 깨달음이 있어야 하며, 이것이 바로 해인삼매海印三昧이다.

『선문촬요』에서는 예배에 대해, 예는 공경을 나타내는 말이며 배는 굴복한다는 뜻을 지니고 있다고 했다. 그럼 무엇을 공경하며 무엇에 굴복하는가. 참성품을 공경하고 무명을 굴복시키는 것이 바로 진정한 예배라고 하였다. 따라서 활용하면 나타나고 버리면 감추어지나니 겉의 예배를 통하여 안의 지혜가 밝아지는 일은 오직 성품과 형상이 서로 응해야 한다고 하였다. 즉 "겉의 예배만을 집착한다면 안으로는 탐진치를 방종히 하여 항상 악한 생각을 일으키고, 겉으로 겉모습만을 드러내며 거짓 예경함이 어찌 진정한 예배인가!"라고 한 것이다.

오래 전 나의 스승을 찾아 대학동창 두 명과 함께 양백정사를 찾아갔을 때 스승은 보이시지 않았고 법당에는 아미타 부처님만 홀로 덩그라니 앉아 계셨다. 우리는 의례 부처님께 삼배를 올렸고, 돌아서는 순간 스님께서 갑자기 법당으로 들어오셨다. 그리고는 바로 우리의 안부를 물으시면서 벽에 기대어 담배에 척 하니 불을 붙이셨다. 그때 순간 이런 모습을 처음 보고 당황한 나는 '아니 이 신성한 법당 안에서 담배를 피우시다니 아무리 스님이지만 너무 하시는군!' 하고 속으로 중얼거렸다. 법담을 하시면서는 담뱃재를 여기 저기 허공에 대고 아무렇게나 털기까지 하셨다. 그리고 난 후 꽤 오랜 시간이 지나서야 스승께서 몸소 가르치신, 바로 나의 고정관념의 덫에 사로잡힌 '성역聖域'을 마구 부수어 가루내고 먼지로 만들어 허공 속으로 날려 주셨던, 큰 가피를 베풀어 주신 것임을 뒤늦게 깨닫게 되었다.

　이렇게 법에 묶인 사건은 또 한 번 있었다. 강원도를 여행하다가 우연히 어느 절을 찾게 되었다. 추운 겨울이라서 그랬는지는 몰라도 절에는 개 한 마리 그림자조차 없을 정도로 적막감이 휘돌았다. 나는 법당에 들어가 초를 켜고 향을 올리고선 삼배를 드렸다. 그런데 삼배를 드리기 전 문제가 생겼다. 초에 성냥불로 불을 붙이려고 하는데, 이 초의 심지가 너무 깊숙이 타들어가서 아무리 성냥불을 깊숙이 넣으려고 해도 심지에 잘 닿지가 않았다. 성냥불이 타 들어가는 동안 깊숙이 손을 넣으려고 하면 할수록 불길은 위로 치받아 올라오는데, 내 엄지와 집게손가락은 고기 타는 냄새가 날 정도로 화상을 입고 있었다. 나는 순간 마치 단지라도 하는 듯 또는 소신공양을 올리는 사람처럼 그렇게 뜨겁다는 생각보다 꼭 촛불을 붙여야겠다는 생각뿐이었다.

　어느 날 나는 이 사건을 나의 도반에게 이야기했더니 자신도 그런 경우를 당해서 나의 마음을 잘 이해한다고 했다. 그리고 덧붙여 말하길, "그건 거사님이 법에 묶여 있었다는 증거입니다. 나는 그 이후로는 법당에 초가 그런 상태이면 그냥 촛대에서 초를 뽑아서 뒤집어 들고 성냥불을 붙이고 다시 제자리에 올려놓습니다."라고 친절하게 설명해 주었다. 신성불가침의 지역을 성큼 내딛게 해준 스승님과 나의 도반에게 이 지면을 빌려 다시 머리 숙여 삼배 올립니다. 원주도 얼른 이리 와서 같이 삼배 올리세!

그렇다면 단하선사에게 절대로 허물을 물을 수는 없는가? 그렇지는 않다. 내가 만일 원주였다면 이렇게 으름장을 놓았을 것이다. '목불에서 그렇게 사리를 찾으니 차라리 도력이 높으신 당신을 아궁이에 밀어 넣으면 더 빨리 사리를 찾을 수가 있지 않겠느냐'고 말이다. 그럼 능청스런 단하선사의 코를 납작하게 만들 수 있지 않았을까? 아니면 원주가 미리 자선을 베풀어 따뜻한 방을 만들어 주었으면 될 것을…… 일을 크게 만든 두 장본인들에게 지금이라도 목불과 함께 전기장판이라도 보내드리고 싶다.

¹³누구에게 절하는가?

광주 화안사의 통선사는 무주 쌍림사에서 공부를 하였다. 그가 부처님께 절을 하고 있었는데 어떤 선객이 와서 물었다. "그 절은 누구에게 하는 겁니까?"

통선사가 말하길 "부처님께 합니다."라고 말했다.

이에 선객이 불상을 가리키며 말했다. "저것이 무엇인가?"

통선사가 답하지 못했다. 통선사는 밤에 위의를 갖추고 선객에게 물었다. "오늘 물으신 것을 알지 못하겠습니다. 무슨 뜻입니까?"

선객이 묻기를 "좌주의 법랍이 몇인가?" 하니

통선사 답하길 "열 살입니다." 했다.

선객이 다시 "출가한 적은 있는가?" 물었다.

통선사가 이에 망연자실하였다.

선객이 말하길 "만일 모른다면 백 살인들 무엇하겠는가!" 하였다.

그리고 통선사를 데리고 마조스님께 가자고 강서에 이르니, 마조스님께서 이미 입적하셨다. 이에 다시 백장스님을 찾아뵙고 의심이 모두 풀렸다.

초심자였던 시절, 스승께 삼배를 드리면 누워서도 받고 앉아서도 받으시면서 내가 절을 하는 동안 꼭 한마디씩 해주셨다. 가장 인상에 강렬하게 남아 있는 말씀은 "절은 너 자신에게 하는 거야!"라고 하셨는데 나는 그 당시 그게 무슨 뜻인지 전혀 알 수가 없었다. '나는 당신을 존경하는 표시로써 이렇게 예를 갖추어 일배도 아니고 삼배를 드리는데 아니 당신은 절을 다 꼬박꼬박 받아 챙기시면서 무슨 이 절이 내가 나에게 하는 것이라고 이상한 말씀을 하시지?' 하고 궁금증이 생겼었다.

그러나 선객이 묻는다. 불상을 가리키며 '저것은 무엇인가?' 그냥 '불상입니다' 하면 될 것을 생각이 참 많은 스님이셨다. 만일 그렇게 답했다면 선객은 다시 이리 물었을 것이다. 그럼 '당신은 누구인가?' 이리 물었어도 좌주는 초심자였던 나처럼 답도 못하고 쩔쩔매고 있었을 거다.

부모미생전 본래면목父母未生前 本來面目이라, '부모가 나를 낳아주시기 이전에 나는 누구인가?' 하는 화두이다. 나는 이 화두를 스승께 처음 받았었다. 의심은 의심을 낳고 사무친 의심은 오랜 의단으로 끌고 가서 묵은 빚을 청산하듯 홀연히 그 낙처를 보게 된다. 달마선사의 말씀처럼 심즉시불心卽是佛이라, 마음이 곧 부처임을 깨달았다면 절을 하는 이는 누구이며, 그 앞에 절을 받는 목불은 누구인지 왜 몰랐겠는가! 결단코 목불과 내가 둘이 아니리. 그래도 통선사의 그 용기가 가상하다. 대개 자신의 깨닫지 못함을 부끄러워하지 않고 상대를 속이거나, 또는 스스로 자신이 자신을 속여 마치 깨달음에 이른 것처럼 행동하는 이가 적지 않은데, 그대는 그래도 정직이란 값진 재물을 지녔으니 결코 가난하지 않구나!

선객이 묻기를 "좌주의 법랍이 몇인가?"
통선사 답하길 "열 살입니다." 했다.

선객이 왜 이리 법랍 운운하며 따져 묻는가? 물론 답답하다 이거겠지만, 도대체 이것도 모르고 무작정 목불에 절만 한다면 어느 세월에 깨닫겠느냐는 물음이다. 그런데 이 통선사 도대체 스승도 없이 무얼 했단 말이지? 참 이상하고 요상한 일이다. 만일 나의 스승께서 그 자리에 계셨었다면 아마 이리 가르쳤을 것이다. "지금 절하고 있는 그놈은 누구인가 하고 간절하게 물어야 할 것이다." 열 살짜리 코흘리개의 어두운 무명을 깨기에는 선객의 힘이 딸렸었나보다. 확철대오하지 않으면 상대의 무명을 깨기에 그 기봉이 제대로 서지 않는 법! 선객도 역시 정직함을 바탕으로 했으니 두 부자의 재물이 여간하지 않다. 그래도 선객의 탁마가 통선사의 마음을 움직였다. 고마운 일이다.

선객이 다시 말하길 "출가한 적은 있는가?"라고 물었다.
통선사가 이에 망연자실하였다.

법당에서 승복을 입고 부처님께 절을 하는 모습을 뻔히 보았고, 아니 지금 법랍을 물어서 '머리를 깎은 지 십년이요' 하고 대답까지 했건만 법랍은 고사하고 출가한 일이 있느냐고 묻는다. 아이고, 이 선객의 귀는 어디 두었다가 삶아 잡수셨는가? 이 통선사 망연자실할 만도 하다. 그러나 머리를 깎고 가사를 걸쳤다고 다 스님이 된 것은 아니다. 스님이란 그 말뜻처럼 스승이라, 스스로 깨달아 중생을 제도하는 책임과 의무가 있거늘 중생제도는 고사하고 자신의 목숨마저 건지기 힘든 상황에 처해 있으니 이를 어찌 스님이라 칭할 수 있겠는가! 그러니 선객은 '출가한 일은 있는가' 하며 근본을 두들겨 패버렸다. 이 통선사 요샛말로 '멘붕(멘탈붕괴)' 상태가 되어 버렸다. 선객이 말하길 "만일 모른다면 백 살

인들 무엇하겠는가!"하였다. 마지막 남은 숨통마저 완전히 끊어
버렸다. 그러나 죽어야 산다. 한바탕 크게 죽어야 어느 날 활연대
오豁然大悟하여 죽은 놈이 다시 살아나 당당하게 푸른 하늘을 쳐
다볼 날이 오지 않겠는가!

『직지심경』에 진정한 출가에 대한 모범답안이 소상히 나와 있
어 소개하고자 한다.

제4조 우바국다 존자는 20세에 출가하여 불과佛果를 이루고 여
러 곳을 다니며 교화하여 한량없는 사람들을 제도하시니라. 최
후에 한 장자가 있었는데 이름이 향중香衆이었다. 불도를 구하
기 위하여 출가하기를 원하거늘 우바국다 존자가 물었다.

"그대의 몸이 출가하는가, 그대의 마음이 출가하는가?"

"제가 여기에 와서 출가하려는 것은 몸도 마음도 아닙니다."

"몸도 마음도 아니라면 누가 출가하는가?"

"대저 출가라는 것은 나와 나의 것이 없기 때문이니, 나와 나의
것이 없기 때문에 이 마음이 생기거나 소멸하지 않습니다. 이
마음이 생기거나 소멸하지 않는 것이 곧 항상한 도며 모든 부
처님들도 역시 항상합니다. 마음은 형상이 없고 그 본체도 또한
그러합니다."

"그대는 마땅히 크게 깨달아서 마음이 저절로 통달하였으니 마
땅히 부처님과 법과 스님을 의지해서 살아라."하시고, 곧 머리

를 깎고 구족계를 주어 법을 부촉하였다. 그리고 게송으로 말씀하였다. "마음은 저절로 본래의 마음이니 본래의 마음이란 어떤 법이 있는 것이 아니다. 법이 있고 본래의 마음이 있으면 마음도 아니고 본래의 법도 아니니라."

"이에 다시 통선사 백장스님을 찾아뵙고 의심이 모두 풀렸다."
 천만다행이다. 스승을 잘 만나야 개오開悟한다. 눈 뜬 봉사는 제자 장님을 데리고 같이 구렁텅이 진흙길을 걸어간다. 나는 스승에게 모두 세 개의 화두를 받았었다. 위에 나온 화두 말고 하나는 만법귀일萬法歸一 일귀하처一歸何處였다. 이 화두의 뜻은 '만법이 모두 하나로 돌아가는데, 그 하나는 어디로 돌아가는가' 하는 물음이었고, 마지막은 사요소요死了燒了였다. 다시 말해서 '내가 죽어 화장을 해서 다 태우고 한 줌의 재가 되고 나면 그때 주인공은 어디에 있는가' 하는 물음이었다. 이 세 화두는 과거, 현재, 미래를 모두 하나로 꿰뚫어 버리는 힘이 있는 화두이다. 독자도 한번 이 화두를 들어 보시라. 여기 쓰여진 글자들을 주워 먹지만 않는다면, 통선사가 백장스님을 만나 의심이 봄눈 녹듯이 스르르 사라지는 것처럼 독자의 마음도 화두와 함께 모두 불살라져서 화두도 마음도 없는 경지에 들어 한소식 할 날을 기대해 보겠다.
 그러나 마음공부 이전에 이 두 선사들처럼 먼저 챙겨야 할 것이 있다. 그것은 바로 정직한 마음, 청정심이다. 깨끗한 마음이 수행에서는 제일 큰 재산이다. 『선문촬요』에서 이르길, 스스로 마음이 청정하면 모든 중생이 청정해진다. 경에 '마음이 깨끗하면 중생이 깨끗하고 마음이 더러우면 중생이 더러워져 불토를 깨끗이 하려면 먼저 마음을 깨끗이 하라'고 하였다. 스승의 가르침은 역시 평범함을 벗어나지 않는다.

만공스님과 제자 사이에 오고 간 선문답으로 이 장을 갈음하고자 한다. 곰곰이 잘 참구하여 그 속으로 쑤욱 깊이 들어가 보자!

제자가 묻는다. "부처가 어디 있나요?"
스승 "네 눈앞에 있다."
제자 "그럼 제가 왜 보지 못하나요?"
스승 "'네'가 있어서 못 본다."
제자 "스님은 보셨나요?"
스승 "'네'가 있고 '나'까지 있는데 어찌 볼 수가 있겠니?"
제자 "그럼 나도 없고 너도 없다면 볼 수 있나요?"
스승 "나도 없고 너도 없는데 부처를 보려는 이것은 무엇인가!"

소를 타고 소를 찾다

젊은 수좌가 혜월스님에게 물었다. "소를 타고 소를 찾는다는데 이게 무슨 도리입니까?"

혜월스님이 말하길 "그 따위 소리하며 다니지 마라."고 했다.

이때 혜암스님이 성월스님에게 물었다. "혜월스님이 젊은 수좌에게 그렇게 말한 것이 잘 일러주신 것입니까?"

성월스님이 말하길 "그 늙은 놈이 그래가지고 어떻게 학인의 눈을 열게 하겠느냐!"고 했다.

혜암스님이 말했다. "그럼 성월스님은 뭐라고 말하겠습니까?"

성월스님이 말했다. "그 젊은 수좌가 혜월에게 물은 것과 똑같이 내게 물어봐라."

혜암스님이 절을 세 번 한 뒤 물었다. "소를 타고 소를 찾는다는데 이게 무슨 도리입니까?"

이에 성월스님이 답했다. "네가 소를 타고 소를 찾는다는데, 찾아다니는 소는 그만두고 네가 탄 소나 이리 가져오너라."

소는 불성을 상징하는 말이다. 다시 말해서 본래면목, 잃어버린 '참나'를 말한다. 이 공안은 『전등록』에 수록된 백장선사와 대안선사의 선문답을 근거로 하였다. 잠시 본문을 살펴보자.

복주 대안선사는 본주 사람이다. 성은 진씨다. 대사가 백장스님에게 가서 절을 하고 물었다. "학인이 부처를 알고자 하는데 어떤 것이 부처입니까?"

백장이 말했다. "소를 타고 소를 찾는 것 같구나."

대사가 말했다. "안 뒤에는 어떠합니까?"

백장이 말했다. "소를 타고 집으로 간 것과 같다."

대사가 말했다. "모르겠습니다. 시작과 나중은 어떻게 보림해야 합니까?"

백장이 말했다. "소 먹이는 사람이 채찍을 들고 보아서 남의 곡식밭에 들지 않게 하는 것과 같느니라."

대사가 이로부터 깊은 뜻을 깨달아 다시는 허덕이지 않았다.

사찰에 가면 벽화가 있는데 이때 자주 보는 그림 중에 하나가 십우도十牛圖이다. 십우도는 동자가 소를 찾아 나서는 과정을 열 단계로 나누어 그린 그림이다. 대충의 내용은 이렇다.

1. 심우尋牛: 동자승이 잃어버린 소를 찾아 나선다.

2. 견적見跡: 동자가 소의 발자국을 찾았다.

3. 견우見牛: 동자가 드디어 소의 꼬리를 발견했다.

4. 득우得牛: 소를 찾아 붙잡았지만 힘이 세고 거칠어 다루기가 아주 힘이 든다. 일단 자신을 찾았다는 말이다.

5. 목우牧牛: 소의 코를 뚫어 고삐를 잡았다. 소를 길들이는 단계로 제멋대로였던 마음을 수행이라는 과정을 통해 다스리기 시작하는 단계이다. 특히 깨달음 이후 오는 방심을 금하는 것을 의미한다.

6. 기우귀가騎牛歸家: 소를 타고 집으로 돌아가는 모습이다. 동자는 소에 올라 앉아 구멍 없는 피리를 불면서 집을 향해 간다. 소와 동자가 하나가 되어 본래 근원(본래성품)으로 돌아가는 모습이다.

7. 망우재인忘牛在人: 소는 잊고 동자만 있는 경지이다. 소를 타고 집으로 돌아오니, 소는 공空하며 사람은 한가롭다. 집으로 돌아왔다는 것은 세속의 현실적 삶과 나 자신의 근원이 서로 만난다는 것이다.

8. 인우구망人牛俱忘: 동자도 소도 모두 잊어 버렸다. 이 그림은 큰 원상만이 동그랗게 그려져 있다. 이때 원상은 불성을 상징한다. 우리의 잃어버렸던 본래자리를 원으로 형상화한 것이다. 일원상이 본성이며 이름이 공이요 한계가 없는 근원이다. 붉은 화로에 불이 어찌 한 점 흰 눈을 용납하리오. 눈이란 '나'이다. '자아'로 인해 벌어지는 일체 분별이 완전히 사라져 버렸다는 말이다.

9. 반본환원返本還源: 근원으로 되돌아간다는 뜻이다. 벽화는 자연 그대로의 모습을 그렸다. 맑은 강물은 유유히 흐르고 산은 푸르구나. 있는 그대로 볼 수 있는 눈이 열렸다.

10. 입전수수入廛垂手: 저자의 거리에 손을 드리웠다는 말인데, 세속으로 들어가 중생과 희로애락을 같이 하며 만나는 이마다 깨달음을 얻게 한다는 의미가 담긴 벽화이다.

"소를 타고 소를 찾는다는데 이게 무슨 도리입니까?" 하는 말의 뜻은, '나'라는 자아로 인하여 가려진 본성을 제대로 볼 수는 없으나 나의 본성은 본래 있었다는 의미로 해석한다. 깨달음을 보통 세 가지로 분류한다. 본각本覺, 시각始覺, 구경각究竟覺으로 나누는데, 위의 비유처럼 가려져 있는 본성은 본각이라고 한다. 우리의 눈이 눈을 볼 수 없듯이, ○ ○不知○ 이라, 동그랗고 동그란 것은 동그란 것을 알 수 없다는 말이다. 『무상의경』에서 부처님

은 "딱하다. 중생이여. 여래가 중생 몸 안에 있거늘 보지 못하는구나."라고 설하셨다. 그럼 여기서 자주 등장하는 비유적 게송을 한 수 음미해 보자.

천 갈래 강물 위에 천 개의 달이 뜨네.(千江有水千江月)
만 리에 구름 한 점 없으니 만 리 그대로 푸른 하늘이로다.
(萬里無雲萬里天)

여기서 구름은 '나'이며, '나'를 치워버리면 나의 본래 성품인 푸른 하늘이 그대로 드러난다는 뜻으로 해석한다. 그러니 소를 타고 소를 찾는 격이지 않는가. 내가 잃어버린 나를 찾는 것을 비유한 말이다. 선문답은 언제나 은유임을 잊어서는 안 된다. 그 깊은 말 속으로 들어가 정확하게 그것이 무엇을 의미하는지 생각하지 말고 그 생각을 내려놓고 오로지 의심만을 부풀려 가는 것이 화두선이다. 당나라 때 직지인심直指人心, 심즉시불心卽是佛의 조사선이 퇴보되면서, 송나라 때 대혜종고스님께서 간화선을 창시하셨다. 그래서 옛말에 이르길 상근기는 조사선으로, 하근기는 간화선으로 깨달음을 얻는다고 하였다. 근기가 좋으면 위에 나온 조사스님들의 대화에서 척 하고 알아버린다는 말이다.

이에 성월스님이 답했다. "네가 소를 타고 소를 찾는다는데, 찾아다니는 소는 그만두고 네가 탄 소나 이리 가져오너라."라는 문구는 마음을 마음 밖에서 찾는다면 끝내 찾을 수 없으니 네가 찾아 헤매고 있다는 바로 그 마음을 여기 내놓아 보라면서 바로 심즉시불心卽是佛의 가르침을 펴시고 있는 것이다. 이렇게 날쌔게 답을 드러내는 것이 조사의 가르침이니 물은 학인은 그 자리에서 고개를 돌릴 수도 없고 눈을 깜빡거릴 새도 없다. 그러니 조사께서 발로 걷어차고, 몽둥이 세례를 주는 것은 참으로 친절한 가르침이 아닐 수가 없다. 이렇게 확철대오한 선사의 기봉을 통해 한 소식 하는 것도 전생과 이생에서 많은 복덕을 쌓아야 함을 잊어서는 안 된다. 일일일선一日一善을 선정에 드는 것보다 더 수승하게 생각하는 이유가 여기에 있다. 물론 선정과 선행을 쌍으로 닦고 쌓는 것의 수승함이야말로 더 이상 말해 무엇하겠는가!

　그 유명한 서산대사의 제자 소요 태능선사(逍遙 太能, 1562~1649)는 기우자(騎牛子; 소를 탄 자)라는 선시에서는 이렇게 노래했다.

　우습구나, 소를 탄 자여!(可笑騎牛子)

　소를 타고 다시 소를 찾는구나.(騎牛更覓牛)

　그림자 없는 나무를 베어다가(斫來無影樹)

　저 바다의 거품을 다 태워버리라.(銷盡海中漚)

여기서 그림자 없는 나무, 무영수無影樹란 진여불성이요 본래면
목이다. 그 불성의 힘으로, 근원으로 돌아온 자리에서는 '나'도 없
고, 따라서 거품, 즉 일체 번뇌도 다 태워져 없어진 자리임을 암시
하는 시어다. 그러니 내가 나를 찾는다는 것, 참으로 우스꽝스럽
지만 알고 보면 이것처럼 쉽고 쉬운 일이 없다는 말이다. 앞서 방
거사 아내가 한 말이 또한 귀에 역력하구나. 조고각하照顧脚下라!
역시 발밑을 살펴 볼 일이다.

¹⁵ 허공의 나이

☆ 🌙 ☆
☆

사해선사에게 인사라는 분이 묻기를 "수산스님의 나이가
어찌 되나요?" 했다.
사해스님이 말하길 "허공과 같다."고 답했다.
인사가 다시 묻기를 "그럼 허공의 나이는 얼마입니까?"
하였다.
사해선사가 답했다. "수산의 나이와 꼭 같다."

아주 오래 전에 들었던 희미한 기억 속의 이야기이다. 어떤 이가
머리를 깎으러 이발소에 들렀다. 이발을 하는 동안 자신에게 고질
적인 지병이 있음을 이발사에게 말하였다. 그런데 이 병자는 이발
사의 말에 귀가 번쩍 뜨였다. 이발사는 이렇게 말했다. "본래 '나'
에게는 병이란 있지 않습니다. 우리의 본래 '참나'의 자리에는 병

도 세월도 존재하지 않습니다. 만일 궁금하시면 저 길 따라 가다가 나오는 절의 주지스님을 한번 찾아가 보세요." 하고 조언한 것이다.

그럼 덕산스님의 일화에서 병과 병을 앓는 사람, 그리고 '그것'에 대해 알아보자.

덕산이 편치 않자 어떤 중이 물었다. "앓지 않는 이도 있습니까?"
덕산선사가 말했다. "있느니라."
중이 다시 물었다. "누가 앓지 않는 이입니까?"
선사가 말했다. "아야, 아야!"

무슨 도리인가? 앓지 않는 사람이 있다면서 선사는 어찌하여 신음소리를 냈단 말인가! 소리에 속지 말고 이 선사의 말뜻을 알아듣는다면 그대는 한소식 하리라. 성성적적惺惺寂寂이다! 선사의 신음은 깨어 있는 자의 신음소리이다. 병중일여病中一如라, '나'와 '병'을 벗어난 순수 작용의 소리다. 아무리 깨달은 사람이라고 할지라도 육체적으로 생·노·병·사와 전혀 상관없이 늙지 않고 아프지 않는 이는 없다. 그러나 주객을 벗어난 자리에는 생로병사에서 자유롭다. 이를 해탈이라 부른다. 달리 말하면 그것은 불생이며 불멸이다.

여기 선문답에 나오는 민사라는 사람은 여간 주책맞은 자가 아니다. 스님에게는 과거를 캐내어 묻는 질문이나 신변잡기 따위의 질문은 삼가는 게 상식이다. 스님을 만난다는 것은 자신의 일대사를 해결하기 위함인데 무슨 기생집 한량 같은 소리를 지껄이며 한담이나 즐기고 있을 이야기로 세월을 허비한단 말인가. 그래도 이 사해선사께서는 언제 어디서나 바로 깨달음의 메시지를 날리는 훌륭하신 선사이시다. 수산이라는 스님의 나이를 물어 보는데 그 수산스님의 나이가 허공과 같다고 표현했다. 낚시 미끼가 아주 좋다.

그런데 어찌 수산의 나이를 허공과 같다고 했을까? 여기서 허공이란 우리의 본 성품이 본래 텅 비어있는 공한 성품이라는 것을 비유하여 허공이라고 말한 것이다. 그래서 그 공한 자리에는 부처도 조사도 중생도 나이도 시간도 공간도 그 무엇도 붙을 수가 없다. 그러기에 이 허공에서는 신령스런 거북이가 날개를 펴고 푸른 하늘을 날던 새들이 깊고 깊은 바닷속을 헤엄쳐 다닌다.

민사가 다시 묻기를 "그럼 허공의 나이는 얼마입니까?" 하였다. 이 자가 뭘 알고 묻는가? 허공의 나이를 묻다니 제법이구나! 아마 이 자가 이 질문을 하면서 속으로는 내심 쾌재를 불렀을지도 모른다. "제 아무리 선사이기로서니 지가 어찌 허공의 나이를 알겠어? 오늘 이 스님의 코를 납작하게 해준다면 속이 참 후련하겠네."라고 하였을지도 모른다. 선문답의 질문과 답이 드디어 클라이막스에 다다랐다.

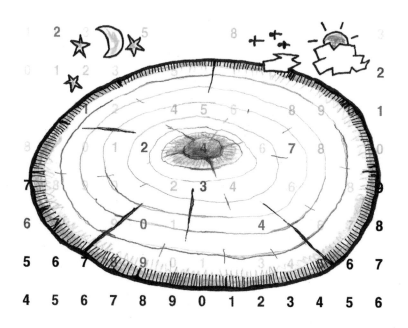

사해선사가 답했다. "수산의 나이와 꼭 같다."

'떙-!' 민사의 머릿속에서 울리는 종소리다. 중생의 어리석음을 몰아내는 '수산의 나이!'

허공과 수산이 둘이 아니다. 없고도 없는 곳에 텅 빈 충만함을 맛 보지 못했다면 결코 이 수산의 나이가 바로 허공의 나이임을 간파할 수 없을 것이다.

옛 선사들의 게송으로 허공 속으로 한 걸음 더 가까이 나아가 보자. 서산스님께서 자신의 영정影幀에 스스로 찬讚하신 게송을 읊어보자.

지금 늙은 나이에 '나'를 돌아보니
팔십 살 전에는 '그'가 '나'이더니(八十年前渠是我),
오늘 비로소 '내'가 '그'로다!(八十年後我是渠)

이것이야말로 깨달은 사람의 사자후獅子吼다.

본 장의 공안에서 나온 '허공'은 서산대사의 게송에서는 '그'로 표현되었다. 그렇다면 이 서산대사의 시에 나오는 '그'의 나이를 추정해 볼 수가 있겠는가? 그것이 바로 우리의 본래면목이요, 모든 법의 모양은 공한데 그 공의 모양은 불생불멸이며 불구부정 부증불감인 것이다. 그러니 나지도 않고 멸하지도 않는 공의 자리에 어찌 나이가 존재하겠는가?

그러나 선사의 가르침대로 공에 빠져 있는 것은 바른 깨달음이 아니다. 공에서 살아 나와서 바로 현실세계와 진여법성의 세계가 둘이 아님을 직시케 하는 말이 바로 "수산의 나이와 꼭 같다."는 답이다. 체와 용을 구분하지 못하는 선객은 아직 선객으로서 자격이 없다. 이 도리를 밝혀야만 택법지가 열릴 것이다.

^{16}반 토막 난 지렁이

양주 연경 법단 소진대사에게 관인이 와서 물었다.
"지렁이가 두 토막이 나면 양쪽이 모두 꿈틀거리는데, 그
럼 불성은 어느 쪽에 있을까요?"
대사가 두 손을 펴 보였다.

세상은 불안한 절벽 끝, 늘 극단에 서 있다. 극단은 언제나 음과
양, 정과 동, 색과 공, 유와 무, 선과 악, 천사와 악마, 부처와 중생,
흑과 백, 강과 약, 빈과 부, 좌와 우 등으로 나누어 져 있다. 그 극
단 속에서 원하건, 원하지 않건 항상 선택을 해야 하고 때론 선택
을 강요받기도 한다. 그런 선택 속에서 행과 불행은 갈라지고 운
과 불운을 탓하며 생과 사를 오고가는 극심한 스트레스를 받는다.
그래서 위의 화자는 묻는다. "도대체 어느 쪽에 불성이 있단 말입

니까? 천국이 대체 있기나 한 겁니까? 극락은 어디에 있나요?"

양백정사를 찾아 스승님을 뵈러 갔을 때 스승께서는 오후의 따사로운 가을볕을 쬐고 있으셨다. 정사 아래에는 작은 연못이 있고 그 연못 위에는 담연정潭然亭이라는 소담한 정자亭子를 지어 놓으셨다. 정자의 그늘 아래 얼굴을 묻고 가을볕을 쬐는 노선사의 모습은 참 한가로워 보였다. 막 정자에 다다랐을 때 스승은 아무 말도 없이 갑자기 왼손을 들어 나에게 손등을 보이셨다. 이 무슨 도리인가? 그때까지 나는 아무것도 눈치 채지 못했다. 물론 이 행위에 대해 나중에도 스승께서는 특별히 어떤 질문이나 해설도 없으셨다. 당시 단지 한낱 포퍼먼스로밖에 생각하지 못했던 이 사건은 훗날 나에게 큰 의미로 다가왔다.

이것이 바로 한 개, 반 개의 무설법문이다. 만일 손등이 색이라면 손바닥은 공이다. 다시 손등이 공이라면 손바닥은 색이다. 손바닥과 손등은 나누어져 보이지만 이것은 단 하나의 손이다! 나는 손등을 보면서 언제나 손바닥을 잊어버렸고 더 나아가 손을 잊어버렸었다. 반대로 손바닥을 보면서 그저 손바닥만을 굳게 믿어왔지만 순간 손등도 잊어버린 채 또한 그것이 바로 손이라는 사실을 새까맣게 잊고 살았던 것이었다. 눈앞에 보이는 것만을 사실인 양 믿고 사는 우리들은 보이지 않는 것은 실재하지 않는다는 착각 속에 빠져 산다. 무엇이 나를 이렇게 눈멀게 했을까? 그것은 바로 탐욕과 어리석음과 성냄으로 생겨난 집착이라는 산물 때문이다.

손등과 손바닥이 하나의 손이듯, 너와 내가 양극단의 대립과 반목을 넘어선 그것이, 의상조사께서 지으신 「법성게」에서 나온 다즉일多即一의 세계이다. 다양하고 차별된 모습이지만 그 본체는 결국 하나로 돌아간다는 뜻이다. 그러나 손등은 손등이요, 손바닥 역시 그저 손바닥일 뿐 이를 별도로 달리 무어라 부르진 않는다. 개개의 있는 그대로를 또한 인정하는 세계관, 이것이 바로 일즉일체一即一切의 세계, 하나가 곧 모두인 대자유의 세계관이다.

관인은 반 토막 난 지렁이를 지렁이라고 부르지 않고 무엇이라고 부를까? 순간 불성을 토막을 내는 솜씨가 더욱 놀라울 뿐이다. 그것은 부증불감不增不減이라, 늘지도 줄어들지도 않는다. 현대적으로 이 문제는 타인의 장기를 받는 생체 이식수술과 맞물려 있다. 우리의 아뢰야식과도 관련이 있는 이 문제는 다른 기회에 거론하기로 하고 일단 넘어가자.

결국 "대사가 두 손을 펴 보였다."

관인에게 보인 두 손은 한 몸에서 나온 것임을 더욱 강조하여 보여주기 위함이었다. 안 그랬다면 그저 한 손만을 치켜 올려 보이셨을 거다. 선사는 두 팔을 다 쓰는 수고로움도 마다하지 않으셨다.

가수 양희은이 부른 '한사람'이란 노래의 가사이다. 이 가사 역시 둘이 아님을 노래했다. 이렇게 속가의 가르침도 '두 손을 내민다.' 자내증自內證이 증폭이 되면 이렇게 타인에게로, 더 나아가 우주와의 합일이 이루어진다. 가사를 음미하여 보자.

　한 사람 여기 또 그 곁에
　– 본래 무일물이거늘 하나라 해도 맞지는 않지만
　둘이 서로 바라보며 웃네
　– 현상과 이상이 진과 속이 나누어진들
　먼 훗날 위해 내미는 손
　– 진리를 향한 이 마음 멈출 수가 없구나
　둘이 서로 마주잡고 웃네
　– 본래 근원으로 돌아온 고향집에 따스한 온기
　한 사람 곁에 또 한사람
　– 둘로 나누어 있다 한들 둘이 아님을 알기에
　둘이 좋아해
　– 온 천하를 다 품은 마음이어라

　긴 세월 지나 마주 앉아
　– 지나온 수행의 과정과 만행 이루 말할 수 없지만
　지난 일들 얘기하며 웃네

- 왜 사냐고 묻거든 그저 웃을 뿐이네

한사람 곁에 또 한사람

- 그가 있기에 내가 있고 내가 있기에 그가 있다네

둘이 좋아해

- 이제 그와 내가 둘이 아니니

한 사람 여기 또 그 곁에

- 그 생각마저도 사라진 이때

둘이 서로 바라보면 웃네

- 푸른 강물을 따라 이 내 마음도 따라 흐르리

암두의 말후구末後句

하루는 재齋가 늦어지자, 덕산스님이 발우를 들고 법당으로 내려갔다.

그러자 설봉스님이 말했다.

"종도 울리지 않았고 북소리도 나지 않았는데, 이 늙은이가 발우를 들고 어디로 가는가?"

덕산스님은 말없이 머리를 숙이고 방장실로 돌아갔다.

설봉스님이 이것을 암두스님에게 말하자, 암두스님은 말했다.

"저 덕산이 말후구를 모르는구나."

덕산스님이 듣고는 시자로 하여금 불렀는데, 암두스님이 방장실에 이르자 물었다.

"그대는 노승을 긍정하지 않는 것인가?"

그러자 암두스님이 그 일에 대해서 밀계(비밀스럽게 열다)
하였다.

덕산스님이 다음날 상당하였는데, 평소와는 같지 않았다.
암두스님이 승당 앞에서 박수를 치며 크게 웃으며 말했다.
"늙은이가 말후구를 알았다는 것이 무엇보다도 기쁘구나.
이후로는 천하의 사람들이 그를 어찌하지 못하리라. 비록
그렇지만 3년뿐이로다."

절집 행사로 인하여 공양시간이 훨씬 지났나 보다. 큰스님 배라
고 무슨 철갑을 둘렀겠는가? 때가 되면 배고픈 거야 부자나 거지
나 범속이 다 마찬가지다. 절집에서는 공양시간이 되면 목탁을 쳐
서 각 때에 신호를 보낸다. 또는 멀리 나가 있는 사람을 위하여 종
을 치거나 북을 울렸나 보다. 하여간 어떤 신호도 보내지 않았거
늘 배꼽시계에 의지하여 발우를 들고 나오는 큰스님이 한심해 보
였는가? "종도 울리지 않았고 북소리도 나지 않았는데, 이 늙은이
가 발우를 들고 어디로 가는가?" 하고 설봉스님이 덕산 큰스님에
게 한마디 쏘아붙였다. 어라? 그런데 덕산스님이 설봉스님의 이
런 힐책 같은 말 한마디에 일언반구도 없이 그냥 돌아서서 방장
실로 돌아갔다.

설봉스님이 이런 사실을 암두스님에게 전했다. 이 말을 들은 암

두스님이 "저 덕산이 말후구를 모른다."고 설봉스님에게 설명하였다. 이는 설봉이 사실을 설명하면서 이미 자신의 견처를 드러냈음을 복선으로 깔고 있다. 여기서 말후구末後句의 사전적 뜻은 대오大悟하여 철저한 극치에 이르러 지극한 말을 토하는 것이라고 한다. 그러니 덕산의 그런 행동은 '깨닫지 못한 사람의 태도가 아니겠는가' 하면서 둘이서 합의라도 한 모습이다. 그래서 단정적으로 덕산이 말후구를 모른다고 한 것이다.

"덕산스님이 들고는 시자로 하여금 불렀는데", 도대체 벽에도 귀가 있다는 말은 누가 언제 지어낸 말인가? 정말 딱 들어맞는 말이다. 설봉과 암두가 큰스님에 대한 말을 서로 주고받았을 뿐인데 어찌하여 큰스님 귀에까지 들어갔는가? 아마도 설봉과 암두 두 스님이 이미 이를 알고 거기까지 들어가라고 흘렸는지도 모를 일이다. 하여간 일단 덕산스님이 그렇게 이야기한 암두스님을, 시자를 시켜서 오라고 불렀다.

암두스님이 방장실에 이르자 물었다. "그대는 노승을 긍정하지 않는 것인가?"
그러자 암두스님이 그 말에 대해서 밀계(비밀스럽게 엶)하였다.

덕산스님이 자신의 깨달음에 대해 인정하지 못하는 말을 하고 다니는 암두스님에 대해 확답을 받으려고 다그친다. 그러자 암두스님이 그 말에 대해서 비밀스럽게 입을 열었다. 무어라고 했을까요? 다시 그 자리로 돌아가 볼 수도 없으니 참으로 답답한 마음 그지없구나! 그러나 이 비밀을 풀 열쇠는 이미 설봉의 입에서 나오지 않았는가. 덕산스님의 그런 모습에 설봉스님이 아무런 말도 하지 않았다면 이런 일도 없었을 것을… 화두 들고 벌선다는 옛말과 같이 이 골치 아픈, 만만치 않은 공안에 골머리를 썩이지도 않았을 게다. 더구나 이 공안은 두 사람의 대화법이 아니라 세 명씩이나 등장하여 그 구도와 행위가 더욱 복잡하여 일반적으로 공안 참구자가 곤혹해 하는 공안 중에 하나이다.

그렇다면 다시 설봉의 말은 곱씹어 보아야 한다. "종도 울리지 않았고 북소리도 나지 않았는데, 이 늙은이가 발우를 들고 어디로 가는가?" 여기에 태풍의 눈이 있다. 그러니 암두가 설봉의 이 말을 듣고서 그런 결론을 내린 것이다. 종도 울리지 않았고 북소리도 나지 않았는데, 이 늙은이가 발우를 들고 어디로 가는가 하면서, 왜 설봉이 그리 말을 했는가 하고 잠시 참구해 보자! 그 답을 알았다면, 설봉이 한 말의 뜻을 알았다면 당신도 암두스님을 대신하여 덕산스님에게 비밀스럽게 입을 열고 있을 게다. 설봉은 이미 자신의 깨달음을 노래한 것이다.

"덕산스님이 다음날 상당하였는데, 평소와는 같지 않았다." 어째서 덕산스님은 평소와 같지 않았을까? 마치 어린 아이같이 기

분이 좋으신 듯하다. 암두스님의 계교가 뛰어나다. 언제나 주인공은 주인공이다. 게스트로 나왔는데 주인공 역할을 하고 있으니 각각이 모두 다 주인공이요, 각각이 또한 다 손님이다. 덕산이 설봉에게 이런 문구를 남기지는 않았지만 추측해 보건대 만일 설두스님에게 게송을 남겼다면 당시 이런 게송을 남기지 않았을까 한다.

"그대를 위하여 벌건 대낮에 큰 길 한가운데서 몸을 돌이켜 주었건만
그대는 다시 어두운 밤길을 홀로 걸어가는구나!
그러나 걱정하지 마라!
이 늙은이 또 다시 발우를 들고 가니 종소리 울려 퍼지도다!"

암두스님이 승당 앞에서 박수를 치며 크게 웃으며 말했다. "늙은이가 말후구를 알았다는 것이 무엇보다도 기쁘구나. 이후로는 천하의 사람들이 그를 어찌하지 못하리라. 비록 그렇지만 3년뿐이로다."

3년 후에 덕산스님은 입적하셨다. 말후구는 알고 모르는 데 있지 않건만 암두가 덕산의 그 위상을 붙들어 3천년 동안 빛나는 허공에 매달아 놓았다. 그러나 이 공안을 드는 순간 우리도 덕산과 설봉과 암두와 같이 영원히 빛의 허공에 머무를 것이다. 그러니 스스로 기뻐할 밖에…

암두의 웃음소리, 박수소리가 북소리처럼 멀리멀리 울려 퍼지는구나!

*사족 1

아직도 잘 이해가 안 가고 선뜻 한소식이 오지 않아 답답한 이들은 앞서 나온 제15장 「허공의 나이」에서 앞부분에 일화로 나온 덕산스님의 병과 병을 앓는 자에 대한 선문답을 다시 참구하시라! 설봉의 눈, 암두의 입, 덕산의 몸을 받으리라!

*사족 2

공안 몇 개를 풀었다고 자신이 깨달음에 이르렀다고 절대로 착각하지 마라. 선문답은 지혜를 겨루는 칼싸움일 뿐이다. 자신의 견처를 드러내어 상대의 기봉과 자신의 지혜광명이 얼마인지 스스로 반조하여 다시금 향상일로의 길로 접어드는 방편일 뿐임을 명심하자! 돈오하였다고 모든 업이 몰록 다 사라져 버리지는 않는다. 바라밀은 깨달음의 척도다. 그러니 잘 보림하는 것이 자신의 부처를 잘 모시는 일이다.

*사족 3

풀어 헤쳤다 할지라도

풀어 헤칠 수 없음이여
오고 간다 할지라도
오고 갈 수 없음이어라
석가도 가섭도 보지 못한 것을
새는 하늘을 날고
물고기는 물에서 헤엄을 치네

¹⁸허공에 못을 박다

☆) ☆

호정교라는 사람이 스님을 만나러 왔다.

스님이 그에게 묻길 "그대가 호정교인가?"

호정교가 답하길 "그렇습니다."

스님이 다시 묻기를 "허공에도 못을 박을 수 있는가?"

호정교가 답하길 "화상께서 제가 박은 못을 빼주십시오."
라고 했다.

스님이 주장자로 호정교의 머리를 쥐어박았다.

호정교가 말했다. "화상께서는 저를 잘못 때리지 마십시오!"

이에 스님이 말했다. "훗날 입바른 종사가 나서 그대를 점
검해 줄 것이다."

이름 몇 자 묻고는 이 스님 뭐가 그리도 급하신가? 바로 선문답이다.

"허공에도 못을 박을 수 있는가?"

참 아름다운 시어詩語다. 그러나 물론 토끼 뿔이요 거북이 등짝에 난 털이다.

류시화의 시, '별에 못을 박다'라는 시를 잠시 살펴보자.

어렸을 때 나는

별들이 누군가 못을 박았던

흔적이 아닐까 하고

생각했었다

별들이 못구멍이라면

그건 누군가

아픔을 걸었던

자리겠지

이런 시적 상상력이나 선문답을 통한 깨달음 뒤에는 언제나 타자의 아픔과 중생의 고통을 함께하는 자비의 눈을 가지게 된다. 보살은 중생의 어머니시다. 천수와 천안은 그런 의미에서 모든 중생을 자상하게 다 보살펴주고 따뜻하게 어루만져 준다.

호정교가 답하길 "화상께서 제가 박은 못을 빼주십시오."라고
했다.

이야, 호정교라는 사람 역시 대단하다. 허공에 못을 박을 줄 아
는 기술이 있는 선객이로세! "허공에도 못을 박을 수 있는가?" 하
는 선문에 벌써 "어? 무슨 소리지?" 하는 순간 이미 그대의 목은
날아갔다. 생각을 일으키면 그땐 죽은 목숨이나 다름없다. 선문
선답은 순발력을 요한다. 생각 없이 생각을 낼 줄 알아야 한다. 한
생각은 바로 그 정적의 자리에서 용솟음 쳐 나와야 한다. 그런 힘
을 선기禪氣라고 한다. 이때의 기운은 단지 당장의 기세를 나타내
는 젊은이의 기교에 사로잡힌 선기가 아니다. 맹자의 호연지기처
럼 "자신의 마음을 극진히 한 사람은 자기의 본성을 알고 자기의
본성을 아는 사람은 하늘을 안다."고 하였다. "하늘과 합일된 인
간의 기이며, 그 기운은 천지 사이에 가득 차 있다."고 『중용』에서
도 거론된 바가 있다. 이런 무위로부터 흘러나오는 기운으로 중생
이 제도된다.
　"허공에도 못을 박을 수 있는가?" 하는 질문 자체가 이미 허공
에 못을 탕, 탕, 탕 하고 박아버린 말임을 눈치 채 버렸기에 자연
스럽게 이 호정교 선객이 주저 없이 바로 그렇게 답을 해 버린 것
이다. 평소 선정을 잘 닦으면 이런 질문에 주저함이 없다. 선정은
적멸의 자리까지 치고 들어가지만 한 순간 척 하고 생각을 일으

킬 줄도 알아야 한다. 움직이는 것을 바로 포착하려면 움직이지 말아야 대상을 바로 볼 수 있다. 움직이면서는 어떠한 대상일지라도 절대 제대로 볼 수가 없다. 선정을 닦는 이유가 바로 여기에 있다.

호정교의 선답은 양날의 검이다. 바로 역공이 되어 버렸다. 스님이 주장자로 호정교의 머리를 쥐어박았다. 선객은 말로 답했는데 스님은 주장자로 머리를 때렸다. 주는 상 치고는 그리 유쾌하지만은 않지만 아기가 너무 귀여워서 '깨물어 죽여 버리고 싶어'라고 하는 말과 똑같다. 스님의 주장자는 선객의 대견함에 대한 보상이다.

호정교가 말했다. "화상께서는 저를 잘못 때리지 마십시오!"

그래도 아기가 귀여워서 깨물면 정말로 아기가 운다. 참 사람들 심보가 좀 이상하기도 하지? 너무 좋아도 울기는 매 마찬가지이니 말이다. 그래서 아기가 우는 것처럼 호정교가 운다. 때리는 것은 좋지만 알고 때리라는 말씀이다. 난 그르치지 않았는데 왜 때리시냐는 거겠지만 역시 호정교는 귀여운 아기다.

이에 스님이 말했다. "훗날 입바른 종사가 나서 그대를 점검해 줄 것이다."

마지막 긍정의 말씀도 역시 부정적이다. 입바른 종사가 또 나와 봐라. 호정교가 아마 이번에는 못이 아니라 큰 정을 박아 버릴지도 모를 일이다. 물론 모자는 철모를 쓰고서…

『벽암록』에서는 그 훗날 입바른 종사와의 대화가 다시 나온다. 그분이 바로 유명한 조주선사이다. 그 대화에 잠시 귀 기울여 보자.

호정교가 그 후 조주스님을 친견하여 전에 있었던 일을 말씀드리자 조주스님은 말하였다.

"그대는 무엇 때문에 그에게 얻어맞았는가?"

"무슨 잘못이 있었는지 모르겠습니다."

"붙일 수도 없는데 또 다시 그에게 허공을 떼어 보라고 하다니."

호정교가 문득 그만둬 버리자 조주스님이 대신 말하였다.

"이 하나로 붙여놓은 것에 못을 박아 보아라!"

호정교는 이 말에 깨침을 얻었다.

조주스님의 스케일은 정말 광대무변하다. 못을 가지고 노는 아기 호정교에게 이번에는 허공을 붙였다가 떼었다가 하면서 가지고 놀아보라는 말씀이다. 호정교가 문득 그만둬 버린 것은 정확하게 조주스님을 간파하지 못했기 때문이다. 그렇다면 호정교는 앞서 깨우침이 없는 빈 말을 한 것인가? 그렇지는 않다. 선가의 대

선사들도 평생 평균 30회 이상의 큰 깨우침이 있었다고 한다. 이 말의 뜻은 깨달음 이후에는 그 깊이에 따른 고저高低가 있다는 말이다. 체감의 강도에 따라 그 깊이를 달리하니 마치 강물에 수영을 하려고 들어갈 때 발목에 차는 깨달음에서 서서히 온몸을 강물에 던져 강물과 하나가 될 때까지 그 공부의 깊이를 더해 가야한다는 말이다. 삼계의 스승이신 석가모니 부처님께서는 당신의 법도 익히고 나면 취하지 말라고 하셨다. 정법에조차 구속되는 것을 염려하신 당부의 말씀이다. 호정교가 공부에 진도가 나가지 않았던 이유가 바로 여기에 있다. '한소식 했다'는 상에 걸려서 자신의 법에 묶여 있던 것을 조주스님께서 다시 풀어주신 것이다. 그러나 가르침은 타자의 몫이지만 깨달음은 자신의 몫이다. 확철대오한 스승을 만난다면 이렇게 못도 박기 전 허공을 붙였다가 떼는 사이에 이미 스스로가 깨닫는다는 말이다.

 마지막으로 시 한 수를 더 감상하고 이 장을 마감하고자 한다. 허공의 벽에 못을 박을 뿐만 아니라 그 못에 달마도도 걸 줄 아는 선객 같은 시인이 있기에 소개하고자 한다. 이 시는 2011년 제2회 시산맥 수상작으로 김점용 시인이 쓴 작품이다.

달마도를 걸다

못 박는 일은 쉽지 않다
단단한 시멘트벽
겨우 자리를 잡았다 싶어 조금만 힘을 주면
튕겨나가고
튕겨나간다
사람들도 그렇지
내 사람인가 싶을 때
속잎을 비치던 눈물
녹이 슬고
등을 보이고

더 이상 기다리는 일 없을 때
패인 못 자국
닿을 수 없는 그림으로라도 덮어보자고
의자 위에 발끝을 들고
조금 더 위에
조금 더 위에

천장을 뚫고 윗집 7층의 벽에 22층의 벽에

아파트 옥상에 뜬 둥근 달의 거실에

달에도 못 걸고 그 위에 더 높고 먼 별의 창문에

별이 아니라 보일 듯 말 듯 가느다란 별빛에 못질을 하며

우리부리한 달마도를 걸고

먼 불빛

자꾸 헛것 가리키는

퍼렇게 멍든 손가락에 못질을 하며

날마다

날마다

입 꾹 다문 달마도를 걸고

¹⁹매미 우는 소리

투차 감온선사가 산을 돌다가 매미 껍질을 보았다.

시자가 물었다. "껍질은 이곳에 있는데 매미는 어디로 갔습니까?"

선사가 껍질을 귀에다 대고 서너 차례 흔든 뒤에 매미 소리를 하니 시자가 바로 깨달았다.

매미의 애벌레는 땅속에서 나무뿌리의 수액을 빨아먹고 자란다. 땅 속 생활이 보통 5년이나 6, 7년이 일반적이지만 긴 것은 17년씩 땅속에서 산다고도 한다. 하여간 굼벵이 7년 만에 탈바꿈을 하고 드디어 햇빛을 보고 나와 매미 껍질을 벗고서 진짜 매미가 되어 포르르 하고 푸른 하늘로 날아가 버렸다. 이때가 음력 오월이다. 매미 허물은 선퇴蟬退 또는 선각蟬殼이라고 하여 『동의보감』

에서는 귀한 약재로도 쓰인다. 어린아이 간질이나 말 못하는 병증 또는 눈이 어둡고 예장(瞖障; 눈이 흐리고 뿌옇게 보임)이 생겨서 보지 못하는 것을 치료한다.

그런데 어린 시자가 이런 매미의 허물이 참 신기했나 보다. 그리고는 궁금증이 생겼다. 허물만 남겨놓은 매미는 정작 어디로 갔을까? 시자가 물었다. "껍질은 이곳에 있는데 매미는 어디로 갔습니까?" 이렇게 물을 줄 알아야 인생을 정말 알차게 살다가 갈 수 있다. 이런 질문을 스스로 할 줄 알아야 진정 사람이다. 우리는 왜 태어났으며 왜 병들고 늙어서 죽어 가는가? 이런 질문은 자신 속으로 깊이 깊이 들어가는 질문이다. 대개 밖으로 헐떡거리는 삶은 절대 이런 질문을 할 줄도, 아니 꿈속에서조차도 할 줄 모른다. 그런 사람은 중생의 틀에서 절대 한 발자국도 나오지 못한다. 그러니 그런 사람을 일러 꿈속의 사람이라고 한다. 꿈을 꾸는 자! 그런 꿈속 같은 땅속의 생활을 청산하고 매미가 드디어 탈피를 한다. 중생의 껍질을 벗어던질 줄 아는 사람이 깨달은 부처요, 푸른 하늘로 날아다니는 매미인 것이다.

"선사가 껍질을 귀에다 대고 서너 차례 흔든 뒤에", 이 스님 역시 포퍼먼스에 강하다. 중생은 언제나 보여줘야 믿는다. 보이는 것이 진실인 줄 안다. 그러나 허점은 항상 그곳에 있다. 마치 마술사가 마술을 하면서 빈 통에서 꽃이나 토끼, 비둘기를 꺼내기 전

에 언제나 그 안에 아무 것도 없다고 흔들어 보이는 것과 같다. 선사 역시 그런 모습이다. 선사는 무엇을 꺼내어 이 어린 시자의 잠자는 눈을 뜨게 해 주실 건가?

답을 듣기 전에 잠시 옛 선사의 법문을 들어 보자.

위산 영우靈祐선사께서 시중示衆하여 말하였다.

"노승이 백년 뒤에 산 밑의 마을에 가서 한 마리의 소로 태어나 왼쪽 옆구리에 '위산의 승려 아무개'라고 써두겠다. 그때 만약 위산이라고 부른다면 그 소는 무엇이며, 또 소라고 부른다면 위산은 또 어찌 되겠는가? 대중들은 말해 보라. 무엇이라고 불러야 옳은가?"

'투자 감온선사가 매미 소리를 하니 시자가 바로 깨달았다'라는 문구에서처럼 '위산의 승려 아무개'가 매미 껍질이다. 부르긴 뭘 부르는가? 이름을 부르려고 궁리를 하는 순간 그대는 영우선사에게 혼과 정신을 모두 빼앗겨 목숨마저 잃어버린다. 당신의 마음이 바로 선사의 질문 속으로 빠져 버려서 당신의 마음이 움직였다는 것이다. 선사의 말에 끌려가서 당신의 영혼을 잃어버렸다. 이렇게 기틀이 무너지면 대형참사가 벌어지는 것을 꼭 명심하라! 그저 '음메' 하고 한 번 울어주고 썩은 미소 한 번 날려주면 그만인 것을… 어찌했든 간에 매미 껍질에 투자 감온선사도 미리 자신의 이름을 써 놓았나 보다. 시자가 드디어 눈을 바로 떴다.

청산에 오르면 산이 되고, 푸른 바다로 나가면 바다가 된다. 시원한 바람이 불어오면 가슴으로 받아 청풍이 되며, 푸른 계곡의 옥빛 시냇물 소리를 들으면 한 줄기 시냇물이 되어 흘러 흘러 강으로 간다. 자연 속에서 삼매는 아주 쉽게 '나'를 무아로 만들어 준다. 자연의 고마운 점이 바로 이것이다. 마음과 대상을 동시에 잊어버리게 하며 나아가 나와 대상을 합일시키는 자연의 놀라운 가르침! 그런 가르침 속에서 선사가 매미 소리를 냈다. 깨달은 선사는 육체의 허물을 미련 없이 벗어던졌다. 육신으로부터 자유로운 선사는 이번에는 바로 매미의 허물 속으로 몸을 던진다. 이를 두고 바로 '자재하다'고 말하는 것이다. 「달마론」에서는 본성에 고요하고 산란함이 없는 줄을 깨닫는다면 이를 자재하다고 한다.

가죽 부대자루와 진배없는 육신의 몸뚱이를 언제든지 벗어던질 줄 아는 선사의 지혜의 말씀이 "맴, 맴, 맴, 매에-"인 것이다. 이런 확신에 찬 소리는 아무런 설명도 필요치가 않다. 왜냐하면 그 선사의 강력한 확신에 찬 깨달음의 소리는 곧바로 상대의 본래자리와 계합하는 힘이 있기 때문이다.

아직도 내 귓가에는 감온선사의 매미소리가 시끄럽게 울려 퍼져서 쓰던 글을 멈추고 문 밖으로 나갔다. 나도 모르게 이렇게 노래했다.

문 밖으로 나가보니
아직 흰 눈이 녹기 전인데
어찌하여 선각蟬殼들이 무수하구나.
양력 2월에 선각禪覺은 백약百藥 중에 으뜸이로다!

²⁰뚫어도 얻을 수 없는 것

법좌에 올라 양구良久하고 주장자를 잡아 법상을 세 번 찍
고 이르되,

"이것은 있는 마음으로도 알 수가 없고, 없는 마음으로도
알 수가 없는 것이니, 또한 어떻게 하겠느냐? 만약 이 도리
를 투철히 알게 되면 참학(參學; 참선공부)하는 일을 마쳤
다 하리라! 대중이 듣기가 지루할 것 같아 내가 이제 대신
하여 들어 보이리라. 자세히 보아라!"

양구하였다가 주장자로 법상을 세 번 찍고 법좌에서 내려
오시다.

만공스님의 법문 중에서 한 대목을 발췌한 것이다. 제목에서부터
알 수 있듯이, 이 도리道理를 꿰뚫는다 하여도 한 법도 얻을 것이

없다는 암시를 넌지시 하셨다. 여기서 양구良久란 아무런 말도 하지 않고 침묵을 지키는 것을 의미한다. 선사들의 주장자는 깨달음을 상징하는 물건이다. 주장자는 본래면목이요 주인공이라고도 표현한다. 그래서 깨달은 이를 만나서 하는 게송 중에는 나에게 주장자가 있으니 깨달은 자에게는 나의 주장자를 허락할 것이나 깨닫지 못한 이에게는 그의 주장자마저도 빼앗아 버린다고 한다. 여기서 깨닫지 못한 이의 주장자를 빼앗는다는 말의 의미는, 그마저 완전히 빼앗아 버리는 순간 그는 깨달음의 경지로 갈 것이기 때문에 이는 끝까지 중생을 제도하겠다는 말씀이다. 자신이 스스로 깨달았다는 상에 빠져 있음을 깨닫게 하기 위해 또 하나의 주장자(본래면목)를 주면서 진실로 주장자가 있다고 말할 수 있는 것인지(유有의 견해에 치우쳐 있는 상태), 본래면목의 당체를 재확인시키는 문구이다.

통상 법상에 오른 선사들은 주장자를 들어 보이거나 또는 법상을 찍어 큰 소리를 낸다. 이는 괜스레 폼을 잡는 것이 아니라 주장자를 높이 쳐들었을 때 바로 그 주장자를 바라보는 자신을 다시 반조해 보라는 가르침을 펴고 계시는 것이며, 법상을 찍어 소리를 내는 것은 그 소리 듣는 놈을 다시 회광반조하여 듣고 있는 그 놈을 찾으라는, 소리 없는 큰 소리의 설법을 온몸으로 하고 계시는 것이다.

"이것은 있는 마음으로도 알 수가 없고, 없는 마음으로도 알 수가 없는 것이니, 또한 어떻게 하겠느냐?" "유심이든 무심이든 이곳에는 깨달음이 있지 않다. 그러니 어찌 하겠느냐?" 하는 말씀이다.

깨닫고 나서도 나는 깨달았다고 말한다면 이는 깨달았다는 상에 걸려 있는 것이다. 무심인 것 같지만 무심이라고 말하는 순간 무심에 걸려 넘어져 다시 유심이 된다. 속가에서 쓰는 '도로아미타불'이라는 말이다. 이 법문은 금강경 첫대목에 나오는 장면처럼 부처님이 탁발을 하시고 다시 제자리에 오셔서 자리를 펴는 '환지본처'의 모습과 다르지 않다.

만공스님에게 지금 당장이라도 묵은 빚을 갚는다면 스님께서는 당신의 주장자를 지금이라도 돌려주실 것이다. 만공스님의 주장자는 소장가치가 있어서 값이 매우 비싸다. 그러나 비싼 주장자도 찍고 흔들 때 비로소 그 가치를 더한다. 어떡하면 빚 청산에 주장자까지 돌려받을 수가 있을까?

나도 여기서 빚잔치나 한번 하고 가야겠다.

투부득透不得

뚫어도 뚫어도 뚫리지 않음이여, 강한 방패로세.
뚫어도 뚫어도 꿰뚫어 버림이여, 강한 창이로세.

사무쳐 얻으려 얻으려고 하여도 얻을 수 없음이라.

얻을 수 없는 곳에서 누가 저녁밥을 짓는가?

초가집 굴뚝 연기 자욱하기만 하구나.

²¹별을 줍다

✦ ☽ ✦
✦

만공선사가 어느 날 하늘의 별을 쳐다보고 전강스님에게
물었다.

"부처님은 샛별을 보고 오도하셨다는데, 저 하늘에 가득
한 별 중에 어느 것이 자네의 별인가?"

그러자 전강스님은 곧 땅에 엎드려 허우적허우적 더듬으
며 별을 찾는 시늉을 하였다.

만공선사는 그것을 보고 "옳다, 옳다"(善哉, 善哉) 하며 인
가하였다.

"저 별은 나의 별, 저 별은 너의 별, 별빛에 물드는 밤같이 까만 눈
동자…" 대학시절 M.T를 가면 늘상 부르던 단골노래 중에 하나였
다. 모닥불을 켜놓고 통기타를 가슴에 품고 풋풋한 청춘이 목소리

높여 은은하게 부르던 그 노래! 그날 밤하늘에는 사그라지는 모닥불의 불꽃만큼이나 별들이 무수히 떠 있었다. 아기 예수가 탄생하던 날 동방박사 세 사람은 그 탄생을 축하하기 위해 큰 별이 인도하는 곳으로 발길을 옮겼다. 결국 큰 별은 아기 예수가 태어난 말구유를 환하게 비추고 있었다. 빛나는 별은 이렇게 상징성이 강하다. 여기서 별이란 깨달음을 상징한다.

사람이 서서 걷는 것은 하늘을 보기 위함이다. 하늘을 닮아가는 사람은 자주 밤하늘에 걸린 별들을 바라본다. 지구 같은 행성, 녹색 별 어디에서 지금 나를 쳐다보고 있는 그 사람은 누구일까? 샛별은 새벽에 동쪽 하늘에 매우 밝게 보이는 별자리로서 금성金星을 달리 부르는 말이기도 하며 계명성啓明星이라고도 한다. 유럽에서는 비너스Venus라고 한다. 이 금성을 저녁에는 달리 부르기도 하는데, 저녁에 서쪽 하늘에 보이는 금성을 달리 개밥바라기라고 한다. 저녁에 개가 배가 고파서 저녁별을 바라볼 무렵에 서쪽 하늘에서 뜬다고 해서 생긴 이름이다.

불교의 우주관은 삼천대천세계이다. 해와 달이 비추는 세계가 우리가 사는 한 세계라면, 이런 우주가 천 개가 모여 소천세계를 이루고, 그 소천세계가 다시 천 개가 모인 것을 중천세계라고 하며, 중천세계가 천 개 모인 것이 대천세계이다. 그 대천세계를 세 번 곱한 것이 삼천대천세계이다.

"만공선사가 어느 날 하늘의 별을 쳐다보고 전강스님에게 물었다." 밤하늘을 쳐다보며 풀벌레 소리와 함께 선문답을 시작하는 두 스님의 모습은 참으로 아름답다. 이런 밤하늘에 큰 별들이 있었다면, 이 두 분 선사께서는 근현대 선가禪家의 큰 별들이셨다.

"부처님은 샛별을 보고 오도하셨다는데, 저 하늘에 가득한 별 중에 어느 것이 자네의 별인가?" 하고 만공선사께서 전강스님에게 묻는다. 그런데 삼천대천세계의 그 무수히 많은 별들 가운데 자신의 별을 찾아보시라 함이 이거 가당키나 하신 질문인가? 다시 말해서 부처님도 샛별 보고 오도하셨으니 자네도 깨달았다면 한 소식 내어보게 하고 주문하시는 말씀이다.

"그러자 전강스님은 곧 땅에 엎드려 허우적허우적 더듬으며 별을 찾는 시늉을 하였다."

별을 보고 오도한 석가모니 부처님께서는 깨달음이 별에 있는 것이 아니라 별을 보는 '그것'을 바로 발견하여 깨달음에 이르게 되셨다. 이미 젊은 수좌의 가슴속에도 큰 별 하나를 품고 있었다. 이 별을 어찌 꺼내서 보여드릴 수도 없으니 전강선사는 땅을 헤집어 별 헤는 시늉을 한다. 하늘에 지혜의 말씀을 땅에서도 줍도다. 하늘과 땅이 둘이 아님이로다. 불속에서 문자를 얻어 법성게를 지으니 오늘 나는 땅을 헤집어 불佛과 법法을 만나게 하도다!

전강선사의 이런 모습은 다음과 같은 설명을 대신하고 있다.

"별은 하늘에만 있는 것이 아닙니다. 깨달음이란 살아 있는 우

리의 마음속에도, 하늘에도, 땅에도, 그리고 깊은 바닷속에도 있다는 사실을 간과해서는 안 됩니다. 가난한 이에게도 있으며 부유한 이에게도 있습니다. 또한 살인자에게도 있으며 성자에게도 있습니다. 만민이 모두 평등하게 다 가지고 있으며 심지어 저 말 못하는 축생들과 나아가 산천초목조차에도 모두 다 있습니다. 그러나 중생은 어리석어서 찾지 않습니다. 그렇기에 제가 이렇게 땅을 헤집고 있는 것처럼, 찾는 자는 복이 있는 자입니다. 찾는 자는 이미 자신이 깨달음 속에 있었다는 사실을 나중에 깨닫게 됩니다. 그는 복과 덕이 있는 자입니다. 그리고는 자신이 깨달았다는 사실조차 모두 내려놓고 밤하늘의 무수한 별들을 따라, 한 발자국도 뗀 적이 없는, 아주 머나먼 우주여행을 떠날 것입니다. 그는 바로 구경각을 이룬 부처입니다."

"만공선사는 그것을 보고 '옳다, 옳다'(선재, 선재) 하며 인가하였다." 선재란 한문투의 글에서, '매우 좋구나'의 뜻으로 쓰는 말이다. 그러니 별 없는 곳으로 나아가야 빛나는 별들을 볼 수가 있다. 온 세상을 두루 비추는 지혜의 광명은 어둠도 밝음에도 있지 않구나! 밤이 깊어만 간다.

²²누가 나를 얽매는가

어떤 스님이 묻기를 "어떤 것이 해탈입니까?" 하였다.
남악 석두 희천선사가 답했다. "누가 그대를 구속하는가?"
다시 스님이 묻기를 "어떤 것이 정토입니까?" 하였다.
선사가 답했다. "누가 그대를 더럽게 하던가?"
스님이 이어 또 물었다. "어떤 것이 열반입니까?"
선사가 답했다. "누가 그대에게 생사를 주던가?"

옛말에 '잘되면 내 탓, 못되면 조상 탓'이라는 말이 있다. 탓을 하
는 마음은 그것이 비록 자신을 향하는 말일지라도 아상과 인상
그리고 동시에 중생상, 수자상 모두를 드러낸다. 이러한 상으로부
터 집착하는 마음이 생겨나고, 집착은 욕심을 낳고 고통을 낳게
하며 사망에 이르게까지 한다. 이 말은 성경에도 나오는 말이다.

욕심은 죄를 낳고 죄는 사망을 낳는다. 그래서 석가모니 부처님께 서는 모든 고통의 근본, 윤회의 근본은 바로 애욕이니, 이 애욕을 끊고 윤회의 쳇바퀴에서 자유로워지는 법을 이르셨다. 이것이 고 집멸도 사성제이다.

어떤 스님이 묻기를 "어떤 것이 해탈입니까?" 하였다.

젊은 시절 김성동의 「만다라曼陀羅」라는 소설을 읽은 적이 있 다. 내용 중에 병 속의 새를 어떻게 꺼내느냐는 법거량이 있는데, 물음은 대략 이렇다. '병 속에서 처음부터 아주 어린 새끼 새를 키 운다. 이제 그 새는 어미 새로 다 커서 성년이 되었다. 그래서 병 의 주둥이는 새의 몸이 빠져나올 수 없을 정도로 아주 비좁아져 있었다. 그런데 병을 깨거나 새의 몸을 다치지 않고, 절대 손을 대 지 않고서 새를 꺼내는 방법이 무엇인가.'라는 물음이다. 이 이야 기와 관련해서 선가의 옛 일화를 하나 소개하고자 한다. 중국 선 종의 유명한 선승인 황벽黃檗 희운希運과 당대 명재상이었던 배휴 裵休와의 선문답 속에서 깨달음에 대한 이야기다.

희운선사가 머무는 개원사에 배휴가 왔다가 벽에 걸린 초상화 를 보고 원주스님에게 물었다.
"벽에 그려져 있는 것이 무엇입니까?"
원주가 답하길 "고승입니다." 하였다.

"형상은 볼 수 있으나 고승은 어디 갔는가?"하고 배휴가 다시 물었다.

원주가 아무 답도 못했다.

"여기에 선사는 없는가?"하고 배휴가 또 물으니,

"희운 상좌라는 분이 있는데 아마 선사禪師 같습니다."라며 원주가 답했다.

이에 배휴가 희운스님을 모셔 와서 원주와 했던 문답을 하며 다시 물으니,

희운스님이 다시 물으라고 했다.

"형상은 볼 수 있는데 고승은 어디 갔습니까?"하고 배휴가 물었다.

희운스님께서 "배상공!"하고 갑자기 불렀다.

이에 배상공이 얼떨결에 "네!"하고 답하니

"고승이 여기 있네!"하고 희운스님이 대답했다.

이때 배상공이 크게 깨달아 그의 제자가 되었다는 유명한 일화이다.

지금 읽던 책을 잠시 덮고 숨을 고른 후 천천히 자신의 이름을 불러보라. 자신의 이름을 부른 '그'를 찾아보라. '그'를 찾는 순간 지금 새는 병속을 탈출하여 푸르른 창공 속으로 날아갔다. '그'는 과거, 현재, 미래를 모두 아우르고 있으며 과거, 현재, 미래에 구

속되어 있지도 않다. '그'는 불생불멸不生不滅하며, 불구부정不垢不淨이요, 부증불감不增不減이다. 나지도 않고 사라지지도 않지만, 더럽지도 깨끗하지도 않다. 더럽다, 깨끗하다는 것은 내 생각일 뿐이다. 또한 더하지도 줄어들지도 않는다. 삼세의 부처님이 모두 다 이 한 집, '그' 안에 모여 계신다.

석두 희천선사가 답했다. "누가 그대를 구속하는가?"
수승한 선사의 답은 역시 군더더기가 없다. 바위 옆 맑게 핀 한 떨기 난초를 봄과 같구나! 해탈하지 못하게 너를 구속하는 그놈을 내가 대신 오늘 당장 잡아 준엄한 법을 집행해 참수하여 줄 테니 한마디 말해 보라는 말씀이다. 미혹함과 깨달음 역시 모두가 자신의 일이다.

다시 스님이 묻길 "어떤 것이 정토입니까?" 하였다.
이것은 깨끗하다, 저것은 더럽다고 끊임없이 분별심을 일으킨다. 깨끗하다고 해도 이미 똥물을 뒤집어 쓴 것과 같으며 더럽다고 해도 한 바가지 설거지물을 자신의 몸에 끼얹은 짓이다. 정토와 예토 사이의 거리가 팔만사천 킬로미터가 되어 버렸기 때문이다.

선사가 답했다. "누가 그대를 더럽게 하던가?"

정토와 예토 사이에 간격이 다시 사라졌다. 『반야심경』의 그윽한 이 도리, 불구부정不垢不淨이다! 솜씨 좋은 이 선사는 천국과 지옥을 두 손에 올려놓고 하얀 눈을 뭉치듯이 하나로 뭉쳐서 이내 우리가 사는 세상으로 집어 던졌다. 절집 마당 구석에 다소곳이 두 발을 모으고서 배를 땅바닥에 깔고 한가하게 누워 있는 개를 보고 "저 개가 참 한가하게 보이네요." 하고 동생이 나의 스승에게 물었다. 스승께선 답하길 "그건 네놈이 그렇게 보는 것일 뿐이야!"라고 하셨다.

스님이 이어 또 물었다. "어떤 것이 열반입니까?"

이 스님 주워들은 것이 무지하게 많다. 알고 있던 것, 그간 궁금했던 것 모두를 여기서 다 쏟아놓았다. 옛 부처, 고불을 만지작거려 봐야 죽은 사람 고추 만지기다. 자신의 가려운 다리를 바로 긁어주는 청량음료 같은 장면인 『무문관』 제23칙 불사선악不思善惡편을 같이 살펴보자.

혜능스님이 혜명상좌가 대유령에까지 추적하여 자기 앞에 이른 것을 보고 가사와 발우를 돌 위에 놓고 말했다. "이것들은 불법을 물려받았다는 징표이니 힘으로 빼앗을 수 있는 것이겠는가? 그대가 가져갈 수 있다면 가져가도록 하라!"

혜명은 그것을 들려고 했으나 산처럼 움직이지 않자 당황하며 두려워했다. 혜명은 말했다. "제가 온 것은 불법을 구하기 위한 것이지, 가사 때문은 아닙니다. 제발 행자께서는 제게 불법을 보여주십시오."

혜능스님이 말했다. "선도 생각하지 않고 악도 생각하지 않아야 한다. 바로 그러한 때 어떤 것이 그대의 본래면목인가?"

혜명은 바로 크게 깨달았는데, 온몸에 땀이 흥건하였다. 혜명은 깨달았다는 감격에 눈물을 흘리며 혜능에게 절을 올리며 물었다. "방금 하신 비밀스런 말과 뜻 이외에 다른 가르침은 없으십니까?"

그러자 혜능은 말했다. "내가 그대에게 말한 것은 비밀이 아니네. 그대가 스스로 자신의 본래면목을 비출 수만 있다면, 비밀은 바로 그대에게 있을 것이네."

혜명은 말했다. "제가 비록 홍인대사의 문하에서 수행을 하고 있었지만, 실제로는 제 자신의 본래면목을 깨닫지는 못했습니다. 오늘 스님에게서 가르침을 받은 것이 마치 사람이 직접 물을 먹으면 차가운지 따뜻한지 스스로 아는 것과 같았습니다. 지금부터 스님께서는 저의 스승이십니다."

그러자 혜능은 말했다. "그렇다면 나와 그대는 이제 홍인대사를 함께 스승으로 모시는 사이가 된 셈이니, 스스로 잘 지키시게." 하였다.

선사가 답했다. "누가 그대에게 생사를 주던가?"

이 선사께서 마구잡이로 질문공세를 펴는 스님에게 해탈은 고사하고 지금 이 자리에 생사를 가져와 보라고 하신다. 설명 없는 설명, 가르침 없는 가르침, 선사의 빛나는 설법은 입술 한 번 움직이지도 않고 장광설을 펼쳐 놓으셨다. 신묘하구나! 이 무엇이 있기에 이를 보고 듣고 말하고 맛보고 냄새 맡고 하는가?

생사열반상공화生死涅槃相共和라, 생사와 열반이 공히 서로서로 조화롭구나! 생사로 가는 길과 열반으로 가는 길이 갈래 길이 아니네. 수행자는 그저 묵묵히 자신의 길을 걸어갈 뿐이다.

²³선정에 든 여인을 깨우지
못하는 문수보살

옛날 문수보살이 여러 부처들이 모인 곳에 이르렀을 때,
마침 여러 부처들은 자신이 있어야 할 곳으로 돌아가고 있
었다. 그런데 오직 한 명의 여인만이 석가모니 부처님 자
리 가까이에서 삼매三昧에 들어 있었다.

그러자 문수는 세존에게 물어보았다.

"어째서 저 여인은 부처님 자리에 가까이 할 수 있고, 저는
그렇게 할 수 없는 것입니까?"

세존은 문수에게 말했다.

"이 여자를 깨워 삼매의 경지에서 나오게 한 다음에, 네가
직접 물어보도록 하라!"

문수는 여인의 주변을 세 번 돌고서 손가락을 한 번 탁 튕
기고는 여인을 범천梵天에게 맡겨 그의 신통력을 다하여

깨우려고 했으나 깨우지 못했다.

그러자 세존은 말했다. "설령 수백 수천의 문수가 있다고 하더라도 이 여인을 상매의 경지에서 나오게 할 수 없을 것이다. 그렇지만 아래로 내려가 12억이라고 하는 갠지스 강 모래알의 수처럼 많은 국토를 지나면, 이 여인을 상매에서 꺼낼 수 있는 망명罔明보살이 있을 것이다."

그 순간 망명보살이 땅에서 솟아 나와 세존에게 예배를 하였다. 세존은 망명에게 여인을 상매로부터 꺼내라고 하였다. 망명이 여인 앞에 이르러 손가락을 한 번 탁 튕기자, 여인은 바로 상매의 경지에서 빠져 나왔다.

"오직 한 명의 여인만이 석가모니 자리 가까이에서 삼매三昧에 들어 있었다."

어떡하면 이 여인을 선정으로부터 깨어나게 할 수 있을까? 대지혜의 문수보살께서도 못한 일을 어떻게 망명보살은 이렇게도 쉽게 손가락 하나만 까딱하여 깨울 수 있었을까? 한 명의 문수도 아니고 문수와 같은 지혜의 보살들이 수천 수백이 모여서 온갖 힘과 지혜를 다 동원한다 할지라도 결정코 이 여인을 깨울 수가 없다고 부처님께서 단정 지어 말씀하신다.

문수는 세존에게 물어보았다. "어찌해서 저 여인은 부처님 자리에 가까이 할 수가 있고, 저는 그렇게 할 수 없는 것입니까?"

아직도 문수는 부처님 곁에 항상 있으면서도 부처의 자리를 부러워한다. 대지혜의 존자께서 항상 그 지혜의 광명을 발하면서도 한 글자도 없는 심경心經은 왜 공부를 소홀히 하셨을까? 앞서 우리가 공부했듯이, '나'가 있으면 '부처'에게 가까이 갈 수 없다는 사실을…

선정에 든 여인을 마냥 부러워하는 눈길로 세존께 물었다.

세존은 문수에게 말했다. "이 여인을 깨워 삼매의 경지에서 나오게 한 다음에, 네가 직접 물어보도록 하라!"

삼자가 끼면 언제나 말이 많아지고 때론 오해를 낳기도 한다. 과부 마음 홀아비가 잘 안다. 따로 중매가 필요 없는 상황이다.

"문수는 여인의 주변을 세 번 돌고서 손가락을 한 번 탁 튕기고는 여인을 범천梵天에게 맡겨 그의 신통력을 다하여 깨우려고 했으나 깨우지 못했다."

할 거는 다 해보았지만 결국 선정에 든 여인을 깨울 수가 없었다. 그래서 하늘의 범천의 능력까지 모두 동원해 보았지만 이도 허사가 되었다. 도대체 이 여인의 선정은 얼마나 깊고도 깊길래 아무도 깨울 수가 없다고 하는가!

색계의 4선정에서 다시 나와 무색계의 선정인 공무변처정(空無邊處定, 무한한 허공 영역), 식무변처정(識無邊處定, 무한한 의식 영

역), 무소유처정(無所有處定, 아무 것도 없는 영역), 비상비비상처정(非想非非想處定, '지각이나 인식이 있는 것도 아니고 없는 것도 아닌 아주 미세한 단계로, 마음부수들이 있는지 없는지 분간하기 어려운 상태)의 네 가지 선정 중에 어디일까? 초기 부파불교의 수행전통에서 가장 높은 자리를 차지하고 있는 멸진정滅盡定 혹은 상수멸정想受滅定은 수행자가 사마타와 위빠사나 수행을 병행해 얻을 수 있는 단계로, 마음의 흐름이 일시적으로 완전히 정지된 상태라고 한다. 이는 무여열반에 가장 가까운 상태이며, 한 유정이 현상계에서 체험할 수 있는 가장 행복한 상태라고 하는데, 이 멸진정에 들어갈 수 있는 사람은 아나함과 아라한 중에서도 사마타 수행이 충분히 되어 있는 분들이라고 한다. 아공, 법공 양공의 구공을 획득한 경지가 바로 멸진정이며', 생멸멸이生滅滅已 적멸위락寂滅爲樂'이라는 게송에서 생멸멸이의 경계가 바로 멸진정의 자리이다. 그럼 이 자리가 부처님과 가장 가까운 자리겠구나!

　공자가 말하길 "신분이 아무리 비천한 자라고 할지라도 그 자의 마음에 확고한 심지가 있다면 세상 어느 누구도 그 마음을 마음대로 움직일 수가 없다."고 했다. 옛 선현들도 말씀하시길 "지금 당신이 천만 명의 적들 속에 둘러싸여 자신의 모습이 마치 먼지와 같은 작은 존재라 할지라도 마음만은 당신의 것임을 명심하십시오. 어떤 강적이라도 우리의 마음을 어떻게 할 수는 없습니다."라고 하셨다.

그러자 세존은 말했다. "설령 수백 수천의 문수가 있다고 하더라도 이 여인을 삼매의 경지에서 나오게 할 수 없을 것이다. 그렇지만 아래로 내려가 12억이라고 하는 갠지스강 모래알의 수처럼 많은 국토들 지나면, 이 여인을 삼매에서 꺼낼 수 있는 망명罔明보살이 있을 것이다."

이 문제를 해결할 수 있는 오직 한 사람, 망명보살이다. 망명보살이 머무르는 곳은 저 밝고 환하며 화려한 하늘나라가 아니라 어둡고 컴컴한 땅 속, 그것도 상상이 불가한 지하의 세계로 내려가야만 찾을 법한 곳에 거주한다. 이상하다? 마치 화이트홀에서 블랙홀로 빨려 들어가는 느낌이다. 항상 위로만 지향하며 추구하는 인간의 지식과 지혜에 한계를 살피는 말씀인가?

상기된 납자는 결국 마음공부를 하기가 힘들다. 많은 선객들이 상기병에 시달렸다. 상기된 기운이 모두 흩어지고 온몸 골고루 그 기운이 편안하게 퍼져서 마침내 그 기운마저도 느끼지 못하는 상태가 되어야 한다. 지복의 순간이다.

"그 순간 망명보살이 땅에서 솟아 나와 세존에게 예배를 하였다. 세존은 망명에게 여인을 삼매로부터 꺼내라고 명령을 내렸다. 망명이 여인 앞에 이르러 손가락을 한 번 탁 튕기자, 여인은 바로 삼매의 경지에서 빠져 나왔다."

비록 그 멀고 먼 거리에 있는 망명보살이지만, 부르면 바로 뛰쳐나오는 망명보살은 한 치 주저함이 없다. 부처님께서 부르시면 어떤 생각도 일으키지 않고 바로 일행삼매에 든다. 그러니 바로 솟아오르는 것이 아닌가! 그리고 드디어 여인을 삼매의 경지로부터 깨웠다. 무슨 힘일까? "아래로 내려가 12억이라고 하는 갠지스강 모래알의 수처럼 많은 국토들"은 우리네 마음의 깊이와 넓이를 비유하신 말씀이다. 깊은 곳으로 투망을 던져야 큰 고기를 잡을 수가 있다. 용기를 내서 망명보살에게 다가 서 보자!

『장자』에 나오는 말 중에 '망적지적忘適之適'이라는 표현이 있다. 이는 달생편에서 나온 말인데, "발이 있다는 것을 망각하는 것은 신발에 꼭 맞기 때문이요, 허리에 대하여 잊어버리는 것은 허리띠가 꼭 맞기 때문이다. …중략… 맞음에서 출발하여 그 어느 것이든 맞지 않는 것이 없는 것은 알맞다는 생각까지도 잊어버렸기 때문이다."라고 친절하게 해설하였다. 적당함을 잊은 때가 바로 가장 적당하다는 말이며, 만족이란 자신이 만족하고 있다는 그 생각조차 사라져야 비로소 진정 만족하다는 것이다.

모든 보살의 이름에는 자신의 수행방법과 그 깨달음의 결과를 암시하는 상징성이 내포되어 있다. 대세지보살은 힘으로써, 금강산 법기보살은 선정에서 일어나 법을 만난 지혜의 부처처럼, 관세음보살은 세상 모든 중생의 고통소리를 듣는 이근원통의 수행으로써 그 깨달음을 노래하고 있다. 여기 망명罔明보살 또한 예외가 아니다. 망명罔明이란 빛의 그물이라는 뜻이며, 반대로 밝음을 감추었다고 해석할 수도 있다. 또는 밝음이 없다고도 풀이한다. 그러나 정작 망명의 수행적 해석은 '밝음을 잊었다'고 말할 수 있다. 즉, 깨달은 자는 자신이 깨달았다는 상이 없다. 주객이 사라져 버리면 그마저도 객관화시킬 그 무엇도 없기에 자신의 깨달음의 경지에 대해 이러쿵저러쿵 입을 댈 수가 없기 때문이다. 이런 망명 보살은 바로 선정에 든 여인의 화신이요, 분신이다. 망명과 여인 이 둘이 아닌 경지가 되었다. 그러니 어찌 망명이 능히 선정에 깊이 든 여인을 깨우지 못하리오!

화두를 들 경우 화두와 화두를 참구하는 자, 이 참구하는 자를 살피는 자, 이 세 가지 모두가 대상과 '나'인 주와 객을 모두 통째로 잊어버렸을 때 비로소 크게 살아 숨 쉰다. 그것이 바로 응무소주 이생기심應無所住 而生其心의 풀이다. 일반적으로 '머무는 바 없이 마음을 내라'고 평면적으로 해석하지만, 이는 다시 말해서 '객체에 응할 바도 없으며 주체에 대해 머무를 바도 없으니 이때 그 마음은 바로 살아 있는 마음이다'라고 해석할 수 있다. 객체에 응할 바도 없음은 바로 아공이며, 주체에 대해 머무를 바도 없음은 법공이다. 이 아공, 법공인 양공을 모두 타파해 버린 구공俱空인 그 마음이 불생불멸의 살아 있는 마음이다. 이런 풀이는 입적하신 나의 스승 봉철선사께서 당신의 명안明眼을 바탕으로 남겨주신 유산이다.

옛 선현들이 말하길 '눈 속에 먼지가 들어가면 눈을 뜨기가 힘들고 사물을 잘 볼 수가 없으므로 눈 속에 먼지가 들어가지 않도록 조심하라. 이 먼지가 잡념이니 마음에 잡념이 들어가지 않으면 평온한 마음으로 세상을 살아갈 수가 있다'라고 했다. 선현의 말씀도 부처님의 가르침과 둘이 아니다. 부처님께서도 당신의 가르침을 금가루로 비유하여 아무리 좋은 법이라 할지라도 금가루, 즉 불법조차 눈에 들어가면 눈병이 난다고 하셨다. 이는 불법에조차 얽매이지 말라는 광대무변한 가르침인 것이다.

²⁴ 그물을 먼저 찢어라

삼성스님이 설봉스님에게 물었다.

"그물을 찢고 나온 금린(황금빛 비늘)은 무엇을 먹이로 합니까?"

설봉이 말하길 "그대가 그물을 찢고 나오면 알해 주겠다."

삼성이 말하길 "1천5백 대중을 거느리는 스님께서 말머리도 알아듣지 못하십니까?"

설봉이 말하길 "노승이 절 일에 바쁘다 보니…"라고 하였다.

등용문登龍門이란 입신출세를 위한 어려운 관문이나 시험을 비유적으로 이르는 말로써, 물고기가 중국 황하 강 상류의 급류를 이루는 용문龍門으로 오르면 용이 된다는 고사에서 나왔다.(『후한서

하진은 황하 상류의 작은 고을이다. 일명 용문이라 한다. 급류의 물살이 워낙 세서 다니는데 아주 위험하다. 물속의 물고기들도 급류를 거슬러 올라갈 수 없을 지경이다. 강과 바다의 큰 물고기들이 용문 아래에 수천 마리나 모였었지만 아무도 올라갈 수가 없었다. 하지만 그 급류를 거슬러 올라갈 수만 있다면 용이 된다고 한다.

"그물을 찢고 나온 금린은 무엇을 먹이로 합니까?"에서 나오는 금빛 비늘이 달린 물고기, 금린金鱗이란 바로 용을 비유한 말이다. 푸른 용 한 마리를 삼성스님이 무척이나 잡고 싶으셨나 보다. 이 대목을 다시 풀어서 보자면 이렇다. '천겹 만겹의 그물을 벗어난 금린은 무엇으로 먹이를 합니까?'라는 질문이다. '소문을 듣자 하니 큰스님께서 큰 용 한 마리를 잡아 대중을 거느리신다고 하던데, 도대체 어떤 미끼를 쓰셨기에 설봉스님께서는 용을 잡으셨나요? 저에게도 그 비밀을 한 수 가르쳐 주십시오!' 하고 금린을 미끼 삼아 능청스럽게 삼성이 설봉을 낚아채 본다. 영화「흐르는 강물처럼」에서 나오는 주인공 브래드 피트가 금빛 눈부신 햇살을 등 뒤로 하고 유유히 흐르는 강물 속에 몸을 담그고 플라이 낚싯줄로 푸른 창공에 큰 원을 그리면서 원하는 지점으로 미끼를 던

지는 그 모습처럼 삼성스님은 공격적인 프로 플라이 낚시꾼 수준이다.

　설봉이 말하길 "그대가 그물을 찢고 나오면 말해 주겠다." 노련한 설봉스님은 아주 간단하고 간결하게 미끼를 물리쳐 버리신다. '넌 아직 하수야, 용을 잡고 싶으면 먼저 너에게 걸린 천겁 만겁의 그물부터 찢고 나오렴. 남의 용이 제 아무리 탐나고 훌륭해 보일지라도 결국 그것은 남의 식은 찬밥덩이나 먹고 있는 것인 걸 왜 모르니?' 하고 오히려 이런 간결한 방어자세가 강한 역공을 펼치는 모습이다. 끝내는 가르쳐주지 않겠다는데, 이것은 사실 엄청난 자비와 은혜를 베풀고 있는 선사의 모습이다. 가르쳐주지 않는 가르침이야말로 중생을 어엿한 한 분의 부처로 키우는 데 가장 모범적이며 이상적인 지도 방법이기 때문이다.
　부화하는 알껍질을, 병아리를 빨리 구경하고 싶다고 해서, 알속의 병아리보다 더 빨리 밖에서 껍질을 깨어버리면 병아리는 죽거나 설사 세상에 나왔다고 할지라도 자생력을 갖춘 튼튼한 병아리가 되지 못한다. 그래서 그런 스승 밑에서 자란 제자는 오직 스승의 강력한 마약과도 같은 주사를 맞아 중독되었기 때문에 스승이 입적을 하면 갈팡질팡 제 갈 길을 잃어버리고 황망히 군다거나 또는 다른 눈 밝은 선지식이 나타나 가르침을 준다고 해도 그저 옛 스승의 가르침에 대입하여 분별심을 냄으로써 결국 진정한 깨달음에 이르지 못한다. 이는 스승이 유산으로 물려 준 막대사탕 두 개를 각각 한 손에 꼭 움켜쥐고서 놓아버리지 못하고 있기 때문이다.

삼성이 말하길 "1천5백 대중을 거느리는 스님께서 말머리도 알아듣지 못하십니까?" 삼성스님의 절대절명의 카운터 펀치다. '눈 밝다고 소문 난 선사께서, 그것도 한두 명도 아닌 천오백 명이나 되는 대중을 거느린다는 스님이 그래 내가 낸 선문禪問 하나도 처리를 못하시고 딴 소리만 하시니 스승으로써 그 자리에 앉아 있을 자격이나 있으신 것입니까?'라며 비아냥거리는 소리다. 삼성스님이 겉으로 말은 이렇게 해도 속으로는 벌써 오줌 한 방울 지렸을 것이다. "그대가 그물을 찢고 나오면"이라는 단서가 참으로 준엄하기 이를 데 없는 말임을 간파하고 있었기 때문이다. 이 정도면 용쟁호투龍爭虎鬪나 실력은 거의 용호상박龍虎相搏이다. 큰 무리를 거느리는 선사 앞에서도 이렇게 포부 당당한 삼성스님 또한 예사롭지가 않기 때문이다. 비록 천자를 자청하는 황제 앞일지라도, 종국에는 인류와 뭇 중생과 하늘의 신들에게조차 법륜을 펴셨던 부처님의 후예로써, 이것은 선객이 취해야 할 당당하고 바른 태도임을 잊어서는 안 된다.

『벽암록』에서는 이런 모습을 수시垂示에 다음과 같이 묘사한다.

수시에 이르기를,

적진을 휘젓고 다니며 북을 찢고 깃발을 빼앗으며

백천 겹의 포위망도 적절하게 빠져 나오고,

호랑이 머리에 올라타서 꼬리를 잡는 솜씨가 있더라도,

아직 선지식이라고 할 수는 없다.

우두신이 사라지고 마두신이 나오는 듯한 재주라도,

또한 기특할 것이 없다.

말해 보라. 그러면 참으로 뛰어난 사람이 올 때는 어떻게 해야

하는가.

다음 이야기를 살펴보라.

(垂示云 七穿八穴 攪鼓奪旗 百匝千重 瞻前顧後 踞虎頭收虎尾 未是作

家 牛頭沒馬頭回 亦未爲奇特 且道 過量底人來時如何 試擧看)

이 사이에 본칙인 이번 장의 선문답이 공안으로 제시된다. 그리

고 이렇게 송頌한다.

그물을 찢는 황금빛 물고기

물속에 조용히 있을 리 없다.

하늘을 흔들고 땅을 휘저으며

지느러미를 떨치고 꼬리를 흔드네.

고래가 뿜는 파도는 천 길이나 날고

212

우레 소리 진동하니 회오리바람 인다.

이 호쾌한 소식을 아는 이 몇이나 될지.

(透網金鱗 休云滯水 搖乾蕩坤 振鬣擺尾 千尺鯨噴洪浪飛 一聲雷震清
飇起 天上人間知幾幾)

마지막으로 설봉이 말하길 "노승이 절 일에 바쁘다 보니…"라
고 하였다. 삼성三聖스님의 질문을 따져본다면, 선후先後를 모르
고 덤비면 자기 발등에 떨어진 불이 뜨거운 줄도 모르고 우물가
에서 숭늉 찾는 격이 된다. 그러나 설봉스님이 만만치 않게 첫 질
문한 "그물을 찢고 나온 금린은 무엇을 먹이로 합니까?"라는 이
대목의 근원적인 질문은 사실 '너' 잡아먹겠다는 말이 비수처럼
숨겨져 있다. 우리에겐 참으로 큰 가르침이다.

하여튼 결국 노승이 주지일이 바쁘다는 핑계는 이렇다. "정상
에 오르지도 못한 주제에 무슨 정상에 서면 어떠하냐고 묻는가.
자신 스스로 오르지 못했다면 그 소식 묻지도 마라. 답해줘도 모
른다. 그러나 나 또한 설명할 길이 없구나! 말로는 어찌 할 수 없
는 이 도리道理, 참으로 애석하도다! 그러니 성가시구나, 이 애송
이야! 네 놈의 얽히고설킨 인연에 따른 그 업장의 그물이나 먼저
치우고 와라. 나를 자꾸 번거롭게 하지 말고…"하면서 슬며시 꽁
무니를 뺀다.

수천 겁의 그물은 무수한 세월을 거슬러 올라가 인연의 그물을

끊고 윤회의 쳇바퀴를 벗어나야 하는 수행자의 모습! 그물을 찢고 나오면 설봉스님을 다시 만날 필요는 없다. 거기서 벗어나면 그 누가 설봉스님을 다시 만나랴! 그래도 찾아 줄 때가 좋은 시절인 줄 왜 모르실까? 끈 떨어지면 그 연 다시는 볼 수 없느니……

²⁵말하기 전의 소식

"신라 시대에 의상법사가 이 도를 만듦에 그 유래가 오래인지라 전가全家의 숙덕宿德들이 각자 교망敎網으로 의해 억해臆解하되 이리저리 넝쿨을 뻗치는 식으로 풀이하여 드디어 권질卷帙을 이루었다. 내가 한번 훑어 보고 나서 책을 친 채 탄식하기를, '청정한 법계에 어찌 이와 같이 그 않은 알이 있으리오. 만약 원래 이와 같은 것일진대 상사相師가 어찌 미진수微塵數의 게품偈品 가운데서 그 추요樞要를 모아서 210자를 간추려 냄으로써 일승법계도를 장영하였겠는가.'"라고 하였다.

그러나 상사相師의 일권一卷으로 관찰하건대 210자를 향하여 그 종지宗旨를 추구하면 곧 법성法性에 지나지 않을 따름이요, 그 법성을 추구하면 곧 수연隨緣에 지나지 않을 따름이니 만약 눈 밝은 납승이 있거든 나와서 일러라. 현玄이니 묘妙니 설함이나, 심心이니 성性이니 설함은 교敎의 명문明文에 있거니와 어떤 것이 바로 상사가 일자一字도 뱉기 전의 소식인가?

내가 갈음하여 이르기를 "성화成化 병신년丙申年 십이월十二月에 연태헌緣笞軒의 남창南窓 아래서 설하였다."고 한다.

_김시습의 『대화엄일승법계도주병서』 서문에서 발췌

잘 알려진 것처럼, 의상대사는 원효스님과 함께 당나라 유학길에 올랐다. 도중에 원효스님은 해골바가지의 물을 마시고 '일체유심조'의 도리를 깨달아 유학길을 돌아섰으나 의상대사는 중국 화엄종의 지엄선사 아래서 공부하였다. 의상스님은 지엄문하에서 공부를 마치면서 처음에는 『화엄경』의 요체를 10권으로 요약하였다가 다시 4권으로 축약하였다. 그러나 마지막에는 이를 210자로 줄여서 우리나라 최초로 반시槃詩의 형태로 작성하였다. 그것이 바로 「법성게」다. 여기서 반시槃詩란 말 그대로 쟁반에 시문詩文을 올려놓는 것을 말하는데, 도인圖印의 그림을 '반槃'이라 하고, 글자가 시詩를 이루는 것을 말한다.

7언 30구로 이루어진 각 시의 구절은 54각으로 구성된 도인圖印을 그리고 그 안에 글자를 써 넣었다. 이후 균여스님은 이 도인에 대해서 풀이하기를, 도인의 형태는 적, 흑, 백의 세 가지 색상으로 삼종세간三種世間으로 구분하였는데, 적색그림은 지정각세간智正覺世間을, 검은 글자는 중생세간衆生世間을, 백색의 흰 종이는 기세간器世間을 상징한다고 했다. 이후 김시습은 『대승화엄법계도주大乘華嚴法界圖註』에서 이 법계도를 강설하기에 앞서 청정비구淸淨比丘 설잠雪岑이 주註를 하고 서序를 쓴다고 하면서 위와 같이 "성화成化 병신년丙申年 십이월十二月에 연태헌緣笞軒의 남창南窓 아래서 설설하였다."라고 선문禪問했던 것이다.

당시에 의상대사의 「법성게」에 대하여 이 스님 저 스님 아무나 각자 외짝 눈으로 해설을 한 강설집이 무척이나 무분별하게 많이도 돌아다녔나 보다. 이에 김시습은 80권이나 되는 방대한 『화엄경』을 어째서 210자로 간략하게 줄였는가에 대해 아무런 사유도 없이 이러쿵저러쿵 무수한 말들만을 늘어놓는 것에 대해 개탄하였다. 반시를 지을 당시 의상스님 자신도 서문에서 이르길, "법리法理에 의지하고 교敎에 근거하여 간략하게 반시를 지으니, 이름에만 집착하는 무리들이 이름이 없는 진여의 근원으로 돌아오기를 바란다. 시를 읽는 법은 마땅히 중앙의 법자法字로 시작하여 굽고 서린 곳을 따라 불자佛字에 이르러 끝나도록 인장의 길을 따라 읽으라. 54각 210자이다."라고 하였다.

그러니 눈 밝은 대사 매월당 김시습은 의상스님의 그 종지를 받들어 「법성게」의 210자를 그 마저도 "법성法性과 수연隨緣"이라

는 네 글자로 축약해 버렸으니 참으로 놀라운 선안禪眼이 아닌가 생각한다. 법성은 법성게에서 나중에 진성眞性이라는 뜻으로 달리 표현하는데, 우리의 본래면목, 진리의 당체, 근원을 일컫는 말이다. 또한 수연隨緣은 인연을 따라서 사는 삶을 의미하는데, 이는 이미 깨달은 경지에서 세속으로 들어가 중생과 함께 먹고 자고 마시며 교화해 나아간다는 의미를 가지고 있다. 우리가 잘 아는 원효스님의 행적이 지위 고하를 막론하여 언제 어디서든 왕궁에서나 저잣거리에서나 심지어 거지 떼들과 함께 동고동락했던 모습인 것처럼 수연이란 단어는 바로 이러 모습을 품고 있다. 이렇게 두 가지 양면성을 가지고 있는 현실과 이상, 참과 거짓을 동시에 아우르는 단어가, 모든 꽃으로 우주법계를 장식했다고 말하는, 바로 화엄華嚴이다. 여기서 꽃이란 무엇일까? 잠시 독자 스스로 사유하고 넘어가자. 깨달은 선각禪覺의 눈에 비친 이 우주는 일체 화엄의 세계로 되어 있다고 노래하는 것이 법성게이다.

"만약 눈 밝은 납승이 있거든 나와서 일러라. 현玄이니 묘妙니 설함이나, 심心이니 성性이니 설함은 교敎의 명문明文에 있거니와 어떤 것이 바로 상사相師가 일자一字도 뱉기 전의 소식인가?" 너널한 일체의 강론집을 한 마디 선문禪問으로써 불태워 버렸으니 바로 이 단락에서 말하는 "현이니 묘니 설함이나, 심이니 성이니 설함은 교의 명문에 있거니와"라는 문구로 말문을 틀어 막아버렸다. 밥을 얻어먹으려고 하거나 이름을 얻으려고 하는 작자들에게, 이미 경전에 나와 있는 문구로써 잡다하게 설명하려 들지 말고 너의 깨달음을 여기서 증명해 보라고 하는 말이다. 깨닫지 못한 이들의 강론이 얼마나 대중의 눈을 멀게 하는지 설잠스님은 잘 알고 있었기 때문이다. 이것을 일러 파사현정破邪顯正이라고 한다.

"어떤 것이 바로 상사相師가 일자一字도 뱉기 전의 소식인가?" 드디어 선사의 바른 일구一句가 선문禪問으로 터져 나왔다. 의상스님이 법성게로 화엄의 노래를 하기 전에, 그것도 바로 말하려고 하기도 전의 소식을 물었다. 질문 속에는 언제나 답을 같이 한다. 그래서 화두를 들면 성성惺惺과 적적寂寂이 동시에 발현되는 것이다. 그러나 굳이 화두를 들지 않더라도 성성과 적적은 선문답을 오고 가는 사이에서도 드러난다. 주먹을 들고 눈썹을 치켜세우는 것으로 이 도리를 나타내려고 한다면 그대는 이미 죽은 목숨이다. 그러나 나에게 이 도리를 다시 묻는다면 나는 주먹을 들고 동시에 눈썹을 치켜세울 것이다! 말하지 말고 이 도리를 나타내보라고 해서 주먹을 쥐고 눈썹을 움직인 것이라고 생각하면 이는 큰 오산이다. 그래도 모르겠다면 스스로 자신이 주먹을 쥐고 눈썹을 움직이는 '한 물건'을 찾아보라! 법성과 수연이 교차되는 순간이다! 화엄의 한 떨기 꽃으로 피어나는 찰나이다. 그래서 그대는 다시금 무량겁의 시간을 넘어 일념의 깨달음인 찰나로 태어난다. 생사와 열반의 두 가지 맛을 동시에 무미無味한 맛으로 맛볼 것이다.

내가 갈음하여 이르기를 "성화成化 병신년丙申年 십이월十二月에 연태헌緣笞軒의 남창南窓 아래서 설하였다."고 한다.

'대중에게 물어도 그대들은 이미 까막눈이니 그대들의 수고로움을 내가 덜어 주겠노라' 하며 친절하게 선사께서 자문자답으로 이 장을 마감하겠다고 하시는 말씀이다.

성화成化는 중국 명나라 8대 황제인 현종의 연호(1464년~1487년)이다. 병신년 12월이면 흰 눈이 소복하게 쌓인 추운 겨울이다. 연태헌緣笞軒이라고 당호가 걸린 집안에 앉아서 이 강론집을 써내려가고 있는데 남쪽으로 난 창문으로 들어오는 겨울햇살이 참으로 따스하다는 소리다. 그러나 이것은 겉으로 드러난 글씨 따라 읽는 소 울음소리다. 소가 우는 데는 다 이유가 있다. 그 뜻을 찾아내지 못하면 소는 굶어죽거나 발정이 난 수소라면 줄을 끊고서 마을을 한바탕 휘저어 놓을 것이다.

여기서 연호를 다 내세우고 구체적으로 병신년을 거론하여 세월을 말하는 것은 그대의 눈을 속여 보려고, 까막눈인지 아닌지를 시험하는 말이다. 설잠은 이미 겨울 눈 속에 묻힌 봉우리 위에서 한 잠 푹 자고 있는데 그곳에 무슨 세월 나부랭이가 붙겠는가! 그대의 안목이 만일 그러하다면 억만 겁이 흘러도 깨달음은 팔만사

천 리 밖이다.

가을은 군자의 계절이요, 겨울은 깨달은 각자覺者의 극적인 모습이다. 여름은 산천초목이 무성하여 푸르름을 자랑하고 있으나 번창한 나뭇잎들은 스스로 성장하려고 발버둥을 친다. 이때 무성한 나뭇잎들은 번뇌 망상을 상징한다. 그러나 그렇게 무수히 많은 나뭇잎들을 모두 떨구어서 한 잎조차도 붙어 있지 않은 벌거벗은 나목裸木의 겨울 모습이 깨달은 부처의 모습이라고 설잠선사는 교묘히 은유하고 있는 것이다. 그래서 세월과 계절을 통하여 노래 부르는 그의 목소리는 진眞과 속俗을 동시에 넘어 오히려 이런 세월과 계절 속에 머무르고 있다고 자신의 존재성을 드러내고 있다.

앞에서 이미 시간성時間性을 초탈한 선사는 다시 공간을 넘으려고 연태헌이라는 고풍스러운 집 한 채를 단장하고 남쪽에는 창문까지 내어 할 일을 끝마쳤다. 연태헌이란 당호는 인연으로 만들어진 푸른 이끼에 둘러싸여 있는 집이라는 뜻이다. 제 아무리 모진 인연에 둘러싸여 있다고 할지라도 고택古宅의 건재함을 과시하는 말이다. 또한 이는 인연의 그물을 자연스럽게 빠져 지나가는, 걸림 없는 바람 같은 설잠雪岑이라고 일갈하는 은유적 단어이다.

여기서 남창南窓이란 봄이 오는 소식의 창구이다. 설잠선사는 할 일을 다 해 마친 도인이기에 겨울에 따뜻한 아랫목에 배를 깔고 앉아 그저 화롯불에 밤과 고구마를 구워가며 잘 구워진 가래떡은 코찔찔이 동네 아이들에 나누어주는 마음씨 좋은 선사이기도 하다. 그러니 남쪽은 봄을 향해 있는 것이요, 그 봄소식은 이미 깨달음의 소식이니 그대들도 나와 같이 봄의 향기 싣고 불어오는 바람을 맞으러 나가지 않겠는가 하며 깨달음으로 이끌어 주시는 친절한 법문이다. 창이란 안과 밖의 경계이자 안과 밖을 통합하는 창구이며 들여다보기도 하지만 비추어 드러내 주기도 한다. 창은 마음의 명사요, 마음을 드러내는 창구이다. 그래서 창窓이라는 한 자를 파자해 보면 겉으로 드러난(⺮) 마음(心)을 비우면(公) 곧바로 도道에 들어가는 지름길임을 나타내기도 한다.

마지막으로 "남창南窓 아래서 설하였다."는 말은 끝까지 속이는 말이다. 설잠선사는 입술 한 번 움직이지도 않고 모든 말을 설해 마쳤음에도 불구하고, 지금까지 일언반구조차 하지 않았음을 선 답禪答으로써 가름하고 있다. 그리고 매월당은 이렇게 노래하며 이 장을 마치고 있다. "이 소식을 알고 싶으면 빨리 남창으로 달려가자! 봄소식을 전달하는 것은 추운 겨울을 견뎌 낸 매화가 제일이로세! 눈에 보이지도 않고 잡을 수도 없는 무형의 이 봄소식을 유형의 매화가 전달하니 그 어찌 신묘한 일이 아니겠는가! 그러나 진정한 봄소식이란 봄에도 있지 않으며 매화에도 있지 않으니 그대는 아는가? 할!"

이제는 내가 갈음하노니 "설잠이시여, 그대의 봉우리에 쌓인 흰 눈 치운 허물을 용서하시라! 521년 만에 다시 눈을 뜨신 소감을 듣고 싶으니 여기서 또 다시 할과 방을 펼치시라!"

의상조사 법성게 해인도

^{26}귀신, 씨 나락 까먹는 소리

참선을 하는 중에 마장이 들어왔다. 머리가 없는 귀신이
쑥~ 하고 눈앞에 펼쳐졌다. 이에 수행자가 말하길 "너는
머리가 없어서 좋겠구나! 아무 생각도 없이 온갖 번뇌를
다 없앴으니 참으로 훌륭하구나" 하니 머리 없는 귀신이
싹~ 하고 사라졌다. 다시 삼매에 든 수행자 앞에 이번에
는 목도 없고 배가 없는 귀신이 나타났다. 이에 수행자가
말하길 "너는 배가 없어서 좋겠구나! 더 이상 음식을 탐할
필요가 없겠으니 말이다." 하였다. 그 후로는 더 이상 귀신
이 나타나지 않았다.

이 이야기는 자칭 계룡산 도사라는 땡초 형님에게서 들은 이야기
이다. 수행에 있어서 가장 먼저 뿌리 뽑아야 할 대상은 번뇌와 망

상이다. 그러나 이 뿌리는 너무나 질겨서 그리 쉽게 뽑히지가 않는다. 만약에 잘 뽑히지 않는 고민덩어리라면 그냥 가만히 놓아두면 그 자체가 스스로 녹아 없어져 버린다. 이것은 고요할 '정靜'의 힘이다.

마음이 어느 한 군데 정체가 되어 머무르고 있다면, 물이 흐르지 않고 고여 있으면 썩은 물로 변하듯이, 마음도 이와 같다. 이것을 집착한다고 표현하며 이것을 치료하는 약을 '응무소주應無所住 이생기심而生其心'이라고 할 때 나오는 무주無住라고 한다. 대상에 따라 마음이 일어나면 이렇게 귀신이나 헛것이 보이기 마련이다. 사실 이 몸뚱이도 헛것에 불과하지 않음을 깨달아야 함에도 불구하고 꿈을 좇는 사람이 하나 둘이 아니다.

충청도 홍산 무량사에서 1493년 2월 58세의 나이로 일생을 마친 김시습도 말하길, '나 죽은 뒤 내 무덤에 표할 적에, 꿈꾸다 죽은 늙은이라 써 준다면, 나의 마음을 잘 이해했다 할 것이니, 품은 뜻을 천년 뒤에 알아주리.'라고 하였다. 마지막 가는 길에서조차 스스로를 '꿈꾸다 죽은 늙은이'라고 표현할 정도로 그의 가르침은 참으로 숭고하다고 할 만하다.

나의 도반이 비구니 스님을 모시고 춘천으로 가는데, 소양호에 다다랐을 즈음 스님이 운전 중인 도반에게 이렇게 물었다. "거사님, 저기 보이는 강물이 왜 파랗게 보이나요?" 거사는 아무 말도

못하고 우물쭈물하였다. 스님이 다시 말하길 "선문답은 그렇게 망설이면 이미 지나가고 만 것이고, 죽은 목숨임을 알아야 합니다."라고 했다.

또 다른 이야기 한 편. 아파트 경비를 보는 사람이 전에 스님 생활을 하다가 환속을 했다며 옛날 행자시절 이야기를 해주었는데 내용은 이렇다. "제가 행자 때 부산 어느 절에서 큰스님을 친견하여 출가를 하려고 했는데 '너는 스님이 되지 못한다. 여기 책 두 권을 줄 터이니 이것이나 공부해라'고 집어 던졌는데 그 책 중에 하나가 명리학이었다. 그러면서 그 스승이 행자에게 '저기 저 물그릇과 젓가락을 가지고 오라'고 했단다. 물그릇과 젓가락을 스님 앞에 가지런히 놓으니 이번에는 스님이 물으시길 '이 젓가락으로 물을 마실 줄 아느냐?'고 했다. 당황한 행자가 아무 말도 없이 오래도록 침묵하니 큰스님께서 행자의 손을 붙잡고 밖으로 나갔다. 한참을 걸어 시냇가에 당도했는데 그 시냇가 풀밭에 앉아 다시 말씀하길 '이 시냇물도 단숨에 마실 줄 알아야 한다'고 했다."

만일 내가 그 자리에 있었다면 '나는 나의 머리카락 한 올을 뽑아 이 그릇에 담긴 물을 한 번에 다 마실 수가 있소이다!'라고 대답해 주었을 것이다. 만일 시냇가로 나를 데리고 가서 그런 질문을 했다면 나는 답하길 "다시금 이 머리카락으로 시냇물이 아닌 한강물을 단번에 다 마실 수도 있다"고 했을 것이다.

앞서 비구니 스님이 그런 질문을 나에게 했다면 나는 또 이렇게 답해 주었을 것이다. "강물이 파란 것은 둘째 치고 빨주노초남보 색인 것은 왜 모르시냐"고 하며 어깃장을 한번 치고서는 멱살을 부여잡을 것이다.

이제 일본의 '다쿠앙'선사가 쓰신 『부동지신묘록不動智神妙錄』 을 참고하여 이 장에 거론된 귀신 잡는 '무주無住'를 설명하고자 한다. 다쿠앙, 한자로는 작은 연못을 거느린 암자라 하여 택암澤庵 이라고 한다. 스님은 특히 당시 막부체제의 사무라이에게 불법을 펼치고자 이 묘록妙錄을 남기셨는데, 무명주지번뇌無明住地煩惱라 는 첫 편의 설법 중에는 이런 말이 나온다.

"당신의 병법(검술)에서 말하고 있는 것은 상대편으로부터 쳐 오는 다치(太刀: 도검의 총칭 또는 허리에 차는 칼)를 한 번 보고, 바로 그 자리에서 그 다치를 막으려고 생각한다면 상대의 다치 에 마음이 머물러 이쪽의 움직임이 둔해져서 상대방에게 베임 을 당하게 된다. 이것을 마음이 머문다(住 = 빼앗긴다)라고 하는 것이다. 쳐들어오는 다치를 보아도 거기에 마음을 멈추지 않고 상대가 쳐들어오는 다치의 동작에 맞추어 이쪽에서 쳐야겠다고 생각하지도 말며, 생각(思案)과 분별分別을 그치고, 들어 올린 다치가 보이거나 말거나 거기에 조금도 마음을 빼앗기지 않고, 그대로 상대편으로 붙어 들어가며 상대의 다치를 막으면, 나를 베려고 오는 다치를 이쪽이 빼앗아 역으로 상대를 벨 수가 있는 것이다."

그리고 다시 설하길 "선종禪宗에서는 이것을 오히려 창머리를 잡아 역으로 적을 찌르는 것이라고 말한다. 상대가 가진 다치를 이쪽에서 빼앗아 역으로 상대를 벤다는 뜻이다. 당신이 말하는 무도류無刀流의 무도無刀가 바로 이것이다."라고 하였다. 여기서 무도류無刀流란 검劍의 지극한 경지로 마음 밖에 칼이 따로 없으며 온 우주가 모두 한 마음임을 가르치는 말이다.

"자신의 칼의 움직임을 의식하면 자기 다치에 마음을 빼앗기고 만다. 박자拍子를 맞추려고 마음을 두면 그것에 마음을 빼앗긴다. 자기 다치에 마음을 두면 그 다치에 마음을 빼앗긴다. 무엇인가에 마음을 빼앗기면 이쪽이 속빈 껍질(얼빠진 놈)이 되어 버린다는 것이다. 당신도 그런 경험이 있을 것이다. 그것을 불법에 비유하여 말하는 것이다. 불법에서는 이렇게 머무는 마음, 홀리는 마음을 미迷라 하고, 그러므로 이를 무명주지번뇌(즉, 미혹에 마음을 빼앗긴 번뇌망상의 상태)라고 한다."

나의 스승께서도 가르침의 초기에는 항상 가타부타 아무 설명도 없이 나에게 고함치며 말씀하시길, "이런 얼빠진 놈을 보았나!"고 하시며 정말 얼을 쏘옥 빼놓으시곤 하셨다.

　그러니 귀신도 사라지고 마음도 없으면 이때를 일러 무엇이라
고 할 것인가? 말해 보라!

²⁷ 공空하다는 그물

선사가 물었다. "이 세상에 왜 태어났냐?"

학인이 답하길 "태어난 바가 본래 없습니다."라고 했다.

선사가 말하길 "축구畜狗라, 개새끼라, 공을 던지면 개가 공을 따라 간다. 이렇듯 너도 내 말을 따라갔다. 그러니 태어난 바가 없다 하더라도 그것도 유식唯識이다."

학인 다시 말하길 "그것은 생각하는 사람에 따라 다릅니다."

선사가 답하길 "너는 지금 '공空'하다는 그물에 걸렸다."

위 선문답은 나의 스승 봉철선사와 어느 학인과의 대화를 채록採錄한 것이다. 너는 '일체가 없다'는, 즉 공하다는 그물에 걸렸다고 학인에게 가르침을 주어도 학인은 무조건 일체가 공하다고 계속 우긴다. 네가 태어나기 전에 일체가 다 벌어져 있었다. 산도 물도

다 거기에 있었다고 하니, 산도 공하고 물도 공하다고 하면서 무심無心을 거론하면서 학인이 다시 우긴다.

"너는 지금 일체가 공하다는 곳으로 자꾸 들어간다."고 선사가 학인의 마음상태를 지적한다. "공空한 대로 들어가는 것이 공부가 아니다. 거기서 살아 나와야 한다."고 가르침을 주시면서 선사가 다시 "법계와 딱딱 맞아떨어지는 것을 지혜라고 한다."고 하니 학인이 다시 "지혜도 없습니다!"라고 다시 공空한 그물을 펼쳐 든다. "무일물無一物에 나와서 보면 천만법千萬法이 먼저 있었다. 일체가 다 벌어져 있었다. 그것을 바로 보는 것이 바로 공부다. 마음 비우고 잘 들어, 마음이란 억천만 년을 흘러 내려오면서 그대로 있었다. 산은 산이요, 물은 물이라고 하지 않았느냐."고 하니, 학인은 산도 공하고 물도 공하기 때문에 산은 산이 아니고 물은 물이 아니라는 경계로서 다시 자신의 주장을 계속 펼쳐 나간다.

"아무렇게나 하는 말은 삿邪대다"고 학인이 주장하니 선사는 "말을 할 때 물들지 않는다."고 반박한다. 무슨 말끝에 학인이 진리를 운운한다. 선사가 다시 "진리가 어디 있는가? 말일 뿐이다."라고 언어의 진가眞假에 떨어진 학인을 격발시킨다.

"말은 어떻게 해서 있겠는가?" 선사가 다시 묻는다. 이에 학인이 답하길 "의사소통입니다." 선사가 이에 "이렇게 말을 한다는 것이 얼마나 신비하냐! 말은 말대로 법도가 딱딱 맞아야 한다. 그 작용에 가서는 딱딱 들어맞아야 한다. 이 작용이 지혜다. 너처럼 도가 어영부영하게 엉성하게 되었다고 하는 사람들을 위하여 천 칠백 가지 공안公案이 있다. 대문 빗장을 질러 놓은 것이 공안이 다. 닭은 닭다리에게 오리는 오리다리에게 맞춰야지 닭의 다리를 오리에게 오리다리를 닭에게 붙여서야 되겠는가! 공하다, 없다, 무다, 라고 함은 바르지 않다"라고 하셨다.

  옆에서 가만히 듣고 있던 보살에게도 가르침을 주시며 하시는 말씀이 "마음에 일이 없고 일에 마음이 없어야 한다. 텅 텅 빈 마 음에 계합해서 살아야 한다. 그것이 도이다. 거두어들이면 하나 도 없지만 우리의 생활사도 그 빈 곳에 다 들어 있다. 체성에 들어 가면 한 물건도 없다. 있는 법을 바로 보기 위해서 공부하는 것이 지 저 학인처럼 체성의 공에 들으려고 공부함이 아니다. 그러니 그 작용에 가서는 일체 법이 다 있다." 그리고 이어서 설법하시길 "어제 이 보살과 공부를 하는데 '한 물건도 가지고 오지 않을 때 는 어떠합니까?' 하니 '방하착하라'고 선사가 말했다. '공하고 공 한 마음에 한 물건도 없는데 왜 무엇을 또 내려놓으라고 하십니 까?' 하니 '한 물건도 없다는 그 생각도 마저 내려놓으라.'고 한 다."고 하시며 다시 말을 이어 "이 세상에 제일 더러운 병이 오취 의 병이다. 내가 깨쳤다, 깨달았다는 생각을 취하는 것이다. 오취 의 병이 병중에 제일 큰 병이다. 체성에는 공적해서 일물一物도 없 고 마음도 없다. '나는 법을 알았다'라고 함도 병이 아니겠는가." 라고 하셨다.

그리고는 다시 옆에 있던 보살을 가르치기 위해 또 다시 법을 펴신다.

"먼저 이 학인처럼 공에 들어가야 한다. 처음에는 번뇌 망상이 없는 데, 공한 곳으로 들어가지만 나중에는 그곳에서 의심을 내야 한다. 화두는 그렇게 드는 것이다. 망상이 없는 자리에서 스스로 신령스런 맛을 보고 기특하다고 생각하면 그것은 바른 것이 아니다. 다시 깔고 앉아 한 단계 더 들어가야 한다.

호흡을 집중하여 들이쉬고 내쉬는 것을 관해야 한다. 정신을 거기에 집중한다. 그런데 나는 목탁을 치면 2, 3분도 안 돼서 바로 삼매에 든다. 공부란 내가 없어, 나라고 하는 것이 하나도 없다. 염불을 할 때 부르는 이것이 무엇인가 하고 회광반조할 줄 알아야 한다. 불교공부는 밖으로 나가면 안 되고 거들어 들어야지 저 학인처럼 저렇게 나가면 안 된다. 거들어 들이면 나라고 할 것이 없다. 이것이 무아無我의 사상이며 오로지 불교만이 가르치는 사상이다.

첫 번째 도장이 제행諸行은 무상無常이요, 움직이는 것은 다 덧없다. 이 세상 모든 것은 다 움직인다. 두 번째 도장이 제법諸法은 무아無我라, 이것을 깨쳐야 한다. 생각을 일으켜야 내가 있지, 제처럼 무심無心에 들어 아무 생각이 없으면 내가 없다. 무아에 들어야 즐거움이 있지, 무아가 아니면 진정한 기쁨이 아니다. 내가 없다면 그럼 불교의 극치란 무엇이냐? 거기서 한 단계 더 차고 나아가야 한다. 그럼, 저 학인과 같이 아무것도 없는 것이 불교의 가르침인가? 아니다! 세 번째 도장을 딱 찍는데 그것이 바로 적정열반寂靜涅槃이라, 그것이 바로 어떤 부처가 와도 뜯어 고칠 수가 없는 말이 바로 삼법인三法印이다. 그리고 내 마음이 고요하고 고요한 것이 바로 해탈이다. 이런 저런 생각이 없을 때 내가 이 우주와 즉卽한다. 바로 하나가 되는 것이다."

그리고 이내 법석法席을 거두어 들이셨다.

^{28}추우면 얼리고 더우면 쪄 죽인다

어떤 스님이 동산스님에게 물었다.

"추위와 더위가 다가오는데 어떻게 피하시렵니까?"

동산스님이 말하였다. "왜 추위와 더위가 없는 곳으로 가지 않느냐?"

스님이 말하기를, "추위와 더위가 없는 곳이 어디입니까?"

동산스님이 말하였다. "추울 때는 얼려서 죽이는 곳이요, 더울 때는 쪄서 죽이는 곳이다."

인류의 역사가 불로 시작되고 문자를 만들어 문화를 꽃피웠으나 생사의 문제를 해결하지 못하여 끝없는 고통의 바다에서 헤매는 것을 보신 석가모니 부처님께서 구명조끼 한 벌을 던져 주셨지만, 조끼의 착용법은커녕 그 구명조끼에 눈길조차 주지 못하여 짜고 쓴 바닷물을 들이키는 중생의 숫자가 가히 놀라울 따름이다. 차디 찬 바닷물을 홀딱 뒤집어쓰고 어찌어찌 재수가 좋아 뭍으로 올라온 스님이 온몸을 달달 떨며 동산선사가 지펴놓은 모닥불에 몸을 맡기면서 선사에게 묻는다.

"추위와 더위가 다가오는데 어떻게 피하시렵니까?"

제 놈 몸뚱이 하나 건사도 못하는 주제에 묻기는 참 잘하는구나! 춥다 하고 덥다 하면서 스스로 이미 분별망상에 사로잡힌 자가 입은 하나로구나. 그래도 피하는 방법을 알려달라고 애원하니 살 길을 찾는 길은 바로 죽음으로 들어가는 길인 것임을 어찌 알지 못하는가? 내가 만일 그 자리에 있었다면 이 한심한 자를 다시 바다로 빠뜨려 버렸을 것이다. 이제부터 선사가 이 얼 빠진 자를 죽이고 살리는 솜씨를 한번 보시라!

동산스님이 말하였다. "왜 추위와 더위가 없는 곳으로 가지 않느냐?" 동산선사께서 지극히 평범하고 타당한 말씀으로 중생을 제도해 주신다. "춥다고 생각하면 따뜻한 곳으로 가면 되고, 덥다고 생각하면 추운 곳으로 가면 되지, 왜 네 몸뚱이를 움직이지 않고서 나에게 묻는가?"라고 하시는 말씀이다. 가죽 껍데기만 쓸 줄 알았지, 정작 제 몸뚱이 움직이는 '이 놈'이 도대체 누군지는 꿈에도 생각하지 못하는 이 자의 얼굴에 뺨이라도 한 대 갈기지 않은 동산선사가 무척이나 아쉽다. 선사의 자비가 간절한 대목이다.

스님이 말하기를, "추위와 더위가 없는 곳이 어디입니까?" 찌가

아래 위로 움직이니 물고기 입질이 왔다는 것이다. 드디어 걸려들었다. 살고자 하는 놈은 죽이고, 죽고자 하는 놈은 살리시는 선사의 낚시 바늘 끝에 이 스님의 코가 걸려 나온다. 이렇게 말을 따라가는 놈은 죽은 놈이다. 죽은 놈을 이럴 때는 아주 죽여 버려야 살아난다. 중생의 가죽 껍데기를 한 치도 남기지 않고 싹 발라버려서 오로지 알몸뚱이만으로 내쫓아 추위와 더위가 없는 그곳으로 보내 버림이 마땅하다.

동산스님이 말하였다. "추울 때는 얼려서 죽이는 곳이요, 더울 때는 쪄서 죽이는 곳이다."

분별은 차별을 낳는다. 춥다는 한 생각은 절대적이지 않다. 덥다는 한 생각 역시 절대적이지 않다. 그러므로 춥다고 분별하는 그 마음을 완전히 죽여 버리려면 더욱 추운 곳으로 쫓아버려야 제 정신이 퍼뜩 들 것이다. 반대로 더울 때는 더욱 찜통 같은 곳으로 보내버려야 제 정신이 또 퍼뜩 들 것이다. 중생은 자신이 제일인 양 으스대지만 이렇게 한심하기 짝이 없는 짓만을 골라서 한다. 더우면 옷을 벗고 추우면 한 겹 더 끼어 입으면 될 것을 어리석은 중생은 부처님께서 마련하고 선사께서 권하시는 옷을 절대로 끼어 입고 벗지를 못한다. 오로지 자기가 만들어 입은 옷 한 벌이 제일이라고 눈 먼 소리만 지껄인다. 이번 생은 오로지 이번 생으로만 존재한다는 한심한 단견에 빠져서 환락에 몸을 맡기는 자의 머릿수도 만만치 않으며, 반대로 이 생 다음에 또 천국과 지옥

을 나누어 기대에 찬 한심한 중생의 숫자도 그 머릿수가 만만치
않으니, 이 어렵고 힘든 세상에 제일가는 사업이 '종교 사업'이라
고 말하는 것이 그리 이상한 일은 아니다.

　『벽암록』에서는 이 본칙에 대하여 수시垂示에 이르고 송頌하기
를 다음과 같이 하였다.

　하늘과 땅을 구별하는 듯한 말들은 만세토록 모두 받들겠지만
　범과 외뿔소를 사로잡는 기틀은 많은 성인들도 알아차릴 수
　없다.
　당장에 실오라기만큼의 가리움도 없으며
　완전한 기틀이 도처에 그대로 나타나게 된다.
　향상의 겸추(鉗鎚; 칼과 쇠망치)를 밝히려 한다면
　작가(선지식)의 용광로여야 한다.
　자, 말해 보아라. 예로부터 이러한 기풍이 있었는지를…

　손을 드리우면 그대로 만 길 벼랑 같으니,
　굳이 정(正; 바르다)·편(偏; 치우치다)을 따질 필요 있겠는가?
　옛 유리 궁전에 비치는 밝은 달이여
　우습구나! 영리한 사냥개 일 없이 섬돌을 오르네.

²⁹코를 비틀어 주다

마조스님이 어느 날 백장과 길을 가다가, 들오리가 날아오
르는 것을 보았다.
마조선사가 물었다. "저것이 무엇이냐?"
백장스님이 말하길 "들오리입니다."
마조선사가 다시 "어디로 갔느냐?"고 묻자
백장스님이 "저쪽으로 날아갔습니다." 하고 답했다.
그 순간 마조스님은 백장의 코를 힘껏 잡아 비틀었다.
백장스님은 아픔을 참지 못하고 비명을 질렀다.
그러자 마조스님이 말하길 "가긴 어디로 날아갔단 말이
냐?"라고 하였다.

혜능 선사가 깃발이 바람에 펄럭이는 것을 보고 토론을 벌이고 있는 두 스님을 보았다. 한 사람은 깃발이 움직인다고 하고 또 한 사람은 바람이 움직인다고 하여 서로 다투고 도무지 시비를 가릴 수 없었다. 이에 혜능 선사가 말했다.

"바람이 움직인 것도 아니고, 깃발이 움직이는 것도 아니요. 그대들 마음이 움직인 겁니다." 이 말을 듣고 두 스님은 깜짝 놀랐다.

『무문관』제29칙에서는 이에 평창하기를, "바람이 움직이는 것도 아니고 깃발이 움직이는 것도 아니고 마음이 움직이는 것도 아니다. 무엇이 6조(혜능)의 견해인가? 만약에 이에 대하여 바로 보아 친하면 두 스님이 쇠를 팔아 금을 얻으려 한 것과 6조가 참지 못한 것이 한바탕 실수였다는 것을 알리라." 하였다.

그리고 송하기를,

"바람, 깃발, 마음 무엇이 움직이는가?
하나의 허물을 지나가면
그가 입 연 것은
자신도 모르는 사이 실수였음을 알리라!"

고 하였다.

제 아무리 6조 혜능선사가 자신이 공부하는 선가의 법맥을 이은 조사스님이라고 할지라도 선객은 이렇게 스승의 목숨줄마저도 물어뜯어서 중생의 멀어버린 두 눈을 뜨게 하신다. 제일 큰 이유는 지금 이 선객이 앉아 있는 부처의 자리에는 오로지 한 분만이 앉아 계시기 때문이다.

이렇게 비장함마저 드는 선의 공부에 마음을 빼앗겨 버린 사건이 바로 이 장면이다.

"마조스님이 어느 날 백장과 길을 가다가, 들오리가 날아오르는 것을 보았다." 중생의 눈과 부처와 눈이 다름이 확연하다. 누구는 천국을 보며 누구는 지옥을 본다. 호랑이는 자신의 먹잇감을 보고 놓친 것을 후회하고 있으나 비행기 조종사에게는 한낱 장애물에 지나지 않으며, 배가 고픈 포수의 눈에는 날아다니는 통구이오리니 짐승과 다를 바가 없다.

마조선사가 물었다. "저것이 무엇이냐?" 덫을 놓아 사자새끼를 잡으려고 하는구나. 그러나 이것과 저것에 마조선사가 먼저 떨어져 나갔다. 그러나 알고 속이는 것은 속이는 것이 아니니 어떤 선객이 자신을 우롱하겠는가?

백장스님이 말하길 "들오리입니다." 그래도 눈은 멀쩡하게 달려 있구나! 그럼 그 눈으로 자신의 눈을 볼 수만 있다면 얼마나 좋을까? 들오리 한 마리가 원래 이름이 들오리인가? 자기들끼리 북치고 장구 치고 다 해먹는구나!

마조선사가 다시 "어디로 갔느냐?"고 묻자, 만법귀일萬法歸一
일귀하처一歸何處다. 만법이 하나로 돌아가는데 그 하나는 어디로
가는가? 마조선사께서 낚싯줄을 튼튼하게 매었다. 꼬리에 꼬리
를 물어봤자 그냥 꼬리는 꼬리다. 하근기는『금강경』을 읽으면 미
쳐 버린다. 금강경에 입을 잘못 대면 암흑 속에 빠져서 영 나올 기
미가 없으니 자신의 분수分數를 알고 덤벼라. 분수를 아는 순간 그
일처一處를 알게 되기에 하는 말이다.

백장스님이 "저쪽으로 날아갔습니다." 하고 답했다.

이쪽저쪽에서 폭죽 터지는 소리가 장관이다. 밤하늘 불꽃놀이
로 정신을 빼앗겨 버린 백장스님의 견처가 바로 이 정도 수준이
다. 마조선사께서 정강이를 발로 걷어차 버리시지 않음이 참으로
관대하시구나!

"그 순간 마조스님은 백장의 코를 힘껏 잡아 비틀었다. 백장스
님은 아픔을 참지 못하고 비명을 질렀다." 소를 조련하려면 코에
뚜레를 끼워야 하리니, "중이 중노릇 잘못해 소가 되더라도 콧구
멍 없는 소가 돼야 한다"는 '무비공無鼻孔'에서 알아차린 경허선
사께서 이 노래를 부르지 않고서 어찌 하셨겠는가? 그런데 한심
한 이 백장스님은 비명만 질러댄다. 마조스님께서 소를 부리실 줄
아시는구나!

그러자 마조스님이 말하길 "가긴 어디로 날아갔단 말이냐?"라
고 하였다.

아프면 깨닫는다. 이것이 바로 아픔이구나, 인생이 고통스러운 것이구나, 그렇다면 어찌 해야 이곳에서 탈출할 수 있겠는가 하고 고민에 빠진다. 숙제를 짊어진 젊은이가 산으로 들로 나가 방황을 하다가 선사를 만났으니 어찌 기쁘지 않으리오! 이런 아픔을 통해 자신의 존재를 돌아보게 된다. 아프면 사람은 육체적으로는 침체하나 정신적으로는 더욱 성숙하게 된다.

『벽암록』에서는 송하기를,

들오리가 어디로 갔는지 알 수 없네.
마조화상이 만나자 말을 걸어 왔네.
산, 구름, 바다, 달 등 온갖 것에 대해 말했으나,
날아가려는 순간 코를 잡혔으니,
자, 말해 보라. 어디로 갔는지를!

여기까지 공부한 독자가 만약에 눈치로 이것은 '마음이다'라고 답을 한다면 천리 밖임을 알아야 한다. 그것은 유위법이다. 불교가 가르치는 것은 무위법임을 알아야 한다. 오고 가지 않는 그 자리에서 한 마디 일러라! 이 정신 빠진 납자야, 도대체 "가긴 어디로 날아갔단 말이냐?" 할!

³⁰오직 나 홀로 존귀하니라

한 납승이 조주스님에게 물었다.

"(승찬대사가) '지극한 도는 어려울 것이 없고 오직 간택을 그치면 된다'고 했는데, 어떤 것이 간택하지 않는 것입니까?"

조주선사께서 말씀하시길, "천상천하에 오직 나 홀로 존귀하니라."고 하셨다.

납승이 다시 묻길 "그것도 간택이 아닙니까?" 하며 반박하였다.

조주선사께서 "이 촌놈아. 어떤 것이 간택이란 말이냐?"라고 하셨다.

조주스님이 호통을 치자 납승은 아무 말도 하지 못했다.

뭐 눈에는 뭐만 보인다. 분별과 차별을 넘어선 말의 뜻은 전혀 알아듣지 못하는 이 남자에게 선사는 일갈하여 가르침을 펴신다. 자, 이제 마지막 단락이다. 잘 살펴서 어두운 길을 다시는 가지 말자. 물론 항상하는 지혜의 밝은 빛이야 어둡고 밝은 데를 따지기야 하겠냐만 중생을 위한 자비의 등불이 꺼지는 것을 염려하여 노파심에 이르는 말이다.

한 납승이 조주스님에게 물었다. "(승찬대사가) '지극한 도는 어려울 것이 없고 오직 간택을 그치면 된다'고 했는데, 어떤 것이 간택하지 않는 것입니까?"

남의 식은 찬밥 덩어리를 가지고 와서 제 지식자랑을 한껏 뽐내는구나! 수억만 권의 책을 책장에 비치한다고 한들 지식은 결국 고갈되고 만다. 남의 이야기나 해대는 앵무새 같은 놈이 바로 여기에 있었구나! 사리분별이 밝음이 바로 간택이다. 이 멍청이야! 말에 속아서 그 말을 좇아 말만 타고 멀리 달아나 버린 말의 뜻이여!

조주선사께서 말씀하시길, "천상천하에 오직 나 홀로 존귀하니라."고 하셨다.

무아를 그렇게도 무수히 가르치시더니 여기서는 어째서 '나'라고 하였을까? 가끔 학인들이 공부하다가 미쳐버리는 대목이다. 무아란 나 없음이 아니다. 진정한 나를 발견하기 위한 말의 도구이니 그곳으로 따라가면 '공空'에 빠져서 영원히 죽음을 면치 못한다. 조주선사께서 말씀하시는 여기서 '나'란 우리가 그렇게 찾아 헤매던 바로 그 '마음'이다. 책을 지금 읽고 있는 당신이 그렇게도 존귀하다고 일깨워 주시는 말씀이다. 지금 빨리 큰 거울 앞에 서서 자신에게 삼배를 해보시라! 그렇다면 바로 그곳에 부처님께서 계실 것이다. 이 공부는 자신이 오롯하신 부처임을 알게 하는 것이다. 그러니 별다른 방법이 있는 것처럼 수행하지 마라.

납승이 다시 묻기를 "그것도 간택이 아닙니까?" 하며 반박하였다.

분별심에 떨어진 자가 무슨 말을 못하겠는가? 조주선사를 어지간히 쓰러뜨리고 싶었나 보다. 왜냐고? 이렇게 명망 있는 분을 제치면 자신이 더욱 이름을 드날릴 수 있을 것이기 때문이다. 교활한 자의 말로가 참으로 걱정스럽다. 인터넷에서도 무슨 디마케팅이니 하면서 수를 쓰지만 이것은 제대로 된 마케팅이 아니다. 서양의 이런 더러운 방식들을 먼저 배운다면 진정한 도는 어디서 찾는단 말인가! 상술이란 교묘함에 있는 것이 아니라 정직함에서 나와야 한다. 그것이 바로 불국토를 세우는 일이다.

조주선사께서 "이 촌놈아. 어떤 것이 간택이란 말이냐?"라고 하셨다.

나 홀로 존귀한 그 자리는 분별과 시비를 넘어 선 자리이다. 그 자리는 본래 그러하기 때문이다. 그곳에 가봤어야 간택과 분별을

알지, 가보지도 못한 자가 어찌 시비를 제대로 가릴 줄 알겠는가 하시는 말씀이다. 그러니 넌 참 촌스럽구나, 공부 좀 했다고 해도 그렇게 세련되지 못한 것을 보니 아직 중물의 때가 다 안 빠졌구나, 하시는 말씀이기도 하다.

조주스님이 호통을 치자 납승은 아무 말도 하지 못했다.

미친개에게는 그저 몽둥이가 약이다. 그러니 친절하고 자비가 넘쳐나시는 조주스님께서 호통을 치심은 당연하고 마땅한 일이다.

『벽암록』에서는 송하기를,

"바다처럼 깊고 산 같이 견고하구나.
등에와 모기가 허공의 바람을 희롱하려 하고,
땅강아지와 개미가 무쇠 기둥을 흔들려는구나.
간택과 분별은 소리가 나지 않는 북과 같도다."

하였다. 당신이 바로 천상천하天上天下 유아독존唯我獨尊이다!

김상백

1961년 서울에서 태어나고 자랐다. 중앙대학교를 졸업하였다.
대학교 1학년 때 경북 풍기에 있는 성혈사의 봉철 스님과 인연을
맺고 시창是窓이라는 불명을 받았다. 2011년 스님이 입적하실 때
까지 가르침을 받았다.
2014년 계간『문예바다』신인상을 수상하여 시인으로 등단했고,
지은 책으로『행복을 좇아가지 마라』,『극락도 불태워 버려라』,
『법성게 강해』가 있다.

은그릇에 흰 눈을 담다

초판 1쇄 인쇄 2014년 12월 10일 | **초판 1쇄 발행** 2014년 12월 17일
지은이 김상백 | **펴낸이** 김시열
펴낸곳 도서출판 운주사

　　　(136-034) 서울시 성북구 동소문로 67-1 성심빌딩 3층

　　　전화 (02) 926-8361 | **팩스** 0505-115-8361

ISBN 978-89-5746-409-0　03220　　값 13,000원

http://cafe.daum.net/unjubooks 〈다음카페: 도서출판 운주사〉